U0115970

婦女何在？

——三江併流諸峽谷區的性別政治

上冊

何國強　主編・王天玉　著

目次

總序

黃淑娉

　　青藏高原古稱「芃野」[1]，「喜馬拉雅」與「橫斷」兩條山脈在東南交匯，形成北半球地表褶皺最明顯而緊密的區域——縱橫千里，層巒疊嶂，忽而峽谷幽深、激流洶湧，忽而懸崖突兀、雪峰傲立。雄奇的景觀掩飾著嚴酷的自然。適宜耕種的土地集中在河谷，陡峭的高坡土層稀疏、岩石裸露、雜草叢生，經常發生泥石流。山川、植被、動物、村莊依季節交替呈現出各種姿態：旱季，塵土飛揚、風霜嚴寒、萬物蕭條；雨季，四野青翠、鳥語花香、人畜徜徉於雲端。

　　芃野東南素有「民族搖籃」之稱。在北緯25°38'、東經90°104'的廣袤區域，由東至西，有金沙江、瀾滄江、怒江、獨龍江和雅魯藏布江，史前時代的漢羌之爭，造成部分羌人融為漢族，部分羌人西遷。[2]西遷的羌人一部分沿著江河古道北上甘青，另一部分南下川

1 　《詩經·小雅·小明》曰：「明明上天，照臨下土。我征徂西，至於芃野。二月初吉，載離寒暑。心之憂矣，其毒大苦！……」大意為周天子令諸侯征伐氐羌係部落，西行到青藏高原，將士思鄉，無心戀戰，企圖班師回朝的情景。《說文解字》解「芃」，一為「遠荒」；一為草本植物，如「秦芃」——蘭花形，生長於黃土高原與青藏高原接壤地帶、海拔3,000米的荒野，愈往西愈密。故「芃野」指今青藏高原東部，即今川、青、滇、藏四個省（自治區）相交界的區域。

2 　如〔南北朝〕范曄《後漢書·卷八十七·西羌傳第七十七》（景印文淵閣四庫全書本第252253冊）有「秦獻公初立，欲復穆公之跡，兵臨渭首，滅狄豲戎。忍季父卬畏秦之威，將其種人附落而南，出賜支河曲西數千里，與眾羌絕遠，不復交通」的記載，說戰國初期（公元前475年）以「卬」為首的一支羌人迫於族群競爭的壓力，由今甘陝地區向西南徙遷至玉樹地區。

滇，到達今川、滇、藏交界區，更有一些部落進入了東南亞。他們南北行走的整套路線分佈的區域到公元前 4 世紀業已形成民族走廊。《史記》記載了張騫出使大夏（今阿富汗）見到四川特產的見聞漢朝的四川特產遠播大夏絕不可能走西域絲綢之路，那樣將徒增路程，最有可能的是走西南絲綢之路，起點為成都，終點為印度甚至波斯（今伊朗），中間點為夜郎（今貴州）、滇（今昆明）、南詔（今大理）、緬甸。這說明中西交通很早就貫通了。，那是公元前 2 世紀發生的事情。又過了兩個世紀，最後一批遷徙者沿著民族走廊進入東南亞。東晉、十六國時期（317-420 年），鮮卑族從大興安嶺西遷，抵達青海湖與當地羌人雜處，出現西羌、吐谷渾、白蘭、黨項、附國、吐蕃、姜人等古代部族，也有南遷的情況出現。各氏族部落在南遷路中定居、聯姻、繁衍，發生貿易、戰爭和宗教行為，經過千百年的基因採借與文化交匯，演變出藏族、門巴族、珞巴族、納西族、傈僳族、怒族、獨龍族、景頗（克欽）族、克倫族、驃族、緬族、撣族等境內外民族。[3]元明以降，封建國家的勢力先後侵及這片土地。目前，一塊歸中國，一塊歸印度，一塊歸緬甸。《芫野東南的民族叢書》就揭示了中國西南川、滇、藏和川、青、藏接壤地帶極具內涵的民族文化。這些民族是藏族、納西族、怒族、獨龍族和傈僳族。這些民族人們的體質特徵與三支種群有關：①蒙古北亞人，特徵是高身材、中頭型、高鼻型、前額平坦、黑眼珠，男人高大英俊，女人身材頎長；②蒙古南亞人，特徵是身材略矮、低頭型、前額微窄、褐色眼珠、低鼻型；③「藏彝走廊」型，介於前兩者之間，又自成一類，其特徵是中身材、中頭

---

3 參見〔五代〕劉昫《舊唐書》卷197列傳第147（景印文淵閣四庫全書本第268-271
　　冊，臺灣商務印書館，1983年）和（宋）歐陽修《新唐書》卷222上列傳第147上下
　　（景印文淵閣四庫全書本第272-276冊，臺灣商務印書館，1983年）關於南蠻、西南
　　蠻和驃國的描述。

型、中鼻型，孩子的眼珠較黑，成人的眼珠泛褐。具體來說，怒族和獨龍族人帶有蒙古南亞人的體質特徵，藏族、納西族和傈僳族人帶有「藏彝走廊」型的體質特徵。由於藏族人的來源複雜，內部族群眾多，有的體質特徵偏向蒙古北亞人。例如，三岩藏族人的體質特徵與塔吉克族、維吾爾族、錫伯族、哈薩克族、蒙古族等北方民族關係密切些，跟藏彝類型的藏族關係疏遠些。[4]無論體質特徵如何，這 5 個民族的人民都有率真淳厚、健談好客、謙讓剛毅、吃苦耐勞的一面。人們因地制宜謀取生活資料，建造房屋，修建梯田，引水渡槽，高山放牧；人們也抽煙喝酒、唱歌跳舞，知足常樂。

　　新中國成立後，黨和政府組織集中進行民族識別（1953-1956 年）和少數民族語言與社會歷史調查（1956-1958 年）。根據 20 世紀 80 年代出版的《民族問題五種叢書》的描述，當時藏族、納西族、怒族、獨龍族和傈僳族等民族已出現社會分化：有的社會結構呈尖錐形，如藏族的農奴制、納西族的土司制；有的社會結構呈鈍錐形，如保留著原始公社殘餘的怒族和獨龍族。民族文化的保持與傳承是通過社會結構來實現的。獨龍江兩岸的村落出現了頭人、大小巫師（南木薩、龍薩）、工匠、平民、家奴。前三種人基本上是富裕的族人，他們擁有土地，蓄養奴隸，並未完全脫離勞動。奴隸來自債務和買賣，成為家庭的一員，由主人安排婚姻，給予經濟開支。奴隸在公共場合（如祭禮、公議、公斷等）與平民有身份界限。勞動過程中主僕地位不同，主人為奴隸提供生產資料（如土地、牲畜、農具、種子），並佔有全部收穫物。人們在社會結構中各居其位，各層次的差別不大，在血緣、地緣基礎上發生的共濟、共慶、換工等集體行為維持著內部平

4　參見何國強、楊曉芹、王天玉等《三岩藏族的體質特徵研究》，載《人類學學報》
　　2009年第4期，頁408-417。

等，原始宗教和基督教起到恐嚇叛逆者、安撫民眾、制止反抗的作用。舊的社會結構被打碎以後，新的社會結構逐步建立，其所傳承的文化與過去有著質的不同。

17 世紀，西方人陸續進入喜馬拉雅東部山區與橫斷山脈南部的多條河谷。早期的傳教士、探險家帶著獵奇的眼光看待這裏的風土人情。19 世紀伊始，民族學家、地理學家、行政人員、橋樑工程師開始進入這片地域上無人知曉、地圖上一片空白的沃野。到 20 世紀 40 年代末的 150 年間，他們記錄了大量寶貴的材料。英國、美國、印度三國學者的成績尤為突出，如果只見他們為殖民政府服務的一面而不見其科學記述的一面是不公平的。在此，我願意借鑒沙欽・羅伊的書單[5]，肯定 J. 馬肯齊、J. 布特勒、G.W. 貝雷斯福德、A.F. 查特爾、P.C. 巴鳌、B.C. 戈海爾、M.D. 普格[6]等人的工作；我還要提到 F.M. 貝利、F.K. 沃德、維雷爾・埃爾溫、P.N.S. 古塔、馬駿達、N. 羅伊、B.C. 古哈和 S. 羅伊等人的努力，特別是約瑟夫・洛克、克里斯托夫・馮・菲尤勒一海門道夫和埃得蒙・利奇的奉獻。

洛克於 1922 年到達中國西南邊陲，在川、青、甘、滇接壤地帶考察，為美國農業部、國家地理協會和哈佛大學收集植物和飛禽標本，在麗江度過了 27 年。隨著時間的推移，洛克的研究興趣轉移到納西族的文化上。他的《納西英語百科詞典》收入了東巴教及瀕於消亡

5　參見〔印〕沙欽・羅伊著，李堅尚、叢曉明譯：《珞巴族阿迪人的文化》（拉薩市：西藏人民出版社，1991年），頁297-302。

6　他們的代表作分別為《孟加拉東北極邊邊地區山區部落記事》（1836年）、《阿薩姆山區部落概述》（1847年倫敦版）、《阿薩姆東北邊境記》（1881年西隆版、1906年重印）、《阿波爾的弔橋》（載《皇家工程師》1912年第16卷）、《阿薩姆山區部落的頭飾》（載《皇家孟加拉亞細亞學會會刊》1929年總字第25卷）、《阿波爾人的農業組織》（載《人類學系調查報告》1954年第3卷第2冊）、《東北邊境特區的娛樂活動》（1958年）等，這裏僅僅提到很少的一部分。

的古納西語，他撰寫的《中國西南古納西王國》敘述了當時甘青交界處、滇西北、川西南和西藏納西族居住區域的地理、歷史、物產和文化。1992 年，邁克爾・阿里斯在紐約出版了《喇嘛、土司和強盜》，以圖文並茂的形式回顧了洛克在川、滇、藏的田野研究經歷。[7]

　　第二次世界大戰期間，利奇在克欽山區打游擊。那個地區為中國的滇、藏和印度的阿薩姆邦三面環繞，有號稱「野人山」的莽莽叢林。利奇廣泛地接觸克欽人，於 1954 年出版《上緬甸諸政治體系》，提出社會轉變的動力學模型。幾乎在同一時期，克里斯托夫・馮・菲尤勒-海門道夫在印度調查了 10 年，期間以特派員的身份在阿薩姆地區工作兩年。他和妻子貝蒂・勃納多在調查阿帕塔尼人[8]的間隙中，專程到麥克馬洪線以南的斯皮峽谷，那裏距離西藏的瓦弄咫尺之遙。因物資供應不足，1944 年 4 月 2 日夫婦倆開始撤退，準備翌年再進行調查，後因印度政府決定推遲這項計劃，最終未能進入西藏察隅地區。海門道夫基於田野調查的 12 本書[9]對於青藏高原的研究極具參考價值。

7　參見Michael Aris et al. Lamas, Princes, and Brigands: Joseph Rock.s Photographs of the Tibetan Borderlands of China. China House Gallery, China Institute in America, 1992.

8　中國民族學界有一種觀點，認為阿帕塔尼人與珞巴族人同源，阿帕塔尼是珞巴族的組成部分。珞巴族包含20多個部落，如尼升、巴依、瑪雅、納、崩尼等，其經濟形態與獨龍族完全相同。

9　它們是《赤裸的那加人：阿薩姆邦的獵頭部落的戰爭與和平》（1939年第1版、1968年第2版、1976年第3版）、《蘇班西尼地區的民族學注釋》（1947年）、《喜馬拉雅山區未開化的民族》（1955年）、《阿帕塔尼人和他們的鄰族：喜馬拉雅山東部的一個原始社會》（1962年，有中譯本）、《尼泊爾的夏爾巴人：信佛的高地居民》（1964年）、《尼泊爾、印度和錫蘭的社會等級制度和血緣關係：對印度教與佛教相接觸地區的人類學研究》（1966年）、《尼泊爾人類學述略》（1974年）、《喜馬拉雅山區的貿易者：尼泊爾高地的生活》（1975年，前三章半有中譯本）、《喜馬拉雅山地部落：從牲畜交換到現金交易》（1980年）、《阿魯納恰爾邦的山地人》（1982年）、《西藏文明的復興》（1990年）和《在印度部落中生活：一位人類學家的自傳》（1990年中譯本）。

20 世紀 50 年代以後的民族學家，無論是美國人、英國人、法國人、印度人，還是中國人，都是在利用前人收集的原始資料、繪製的地圖、提煉的概念、闡述的命題和他們的民族識別、文化分類的成果，並汲取他們務實與求真的精神力量。

中國學者對青藏高原東南部的民族調查可追溯到抗日戰爭時期，左仁極、羊澤、朱剛夫、李式金、李中定、陶雲逵、黃舉安（以姓氏筆劃為序）等人曾赴三江（金沙江、瀾滄江、怒江）並流地區，調查成果雖然一鱗半爪，但科學精神不可低估。李霖燦、方國瑜、楊仲鴻對納西語的研究尤其值得一提。新中國成立後的幾十年間，我的同仁，如王輔仁、王曉義、孫宏開、劉龍初、劉芳賢、宋恩常、宋兆麟、吳從眾、李堅尚、楊毓襄、張江華、姚兆麟、龔佩華、譚克讓、蔡家騏、歐陽覺亞（以姓氏筆劃為序）等，跋涉於川、青、滇、藏交界區的山水之間，也提出批判地學習和吸收西方人類學的任務。[10] 1979年，西藏社會科學院資料情報研究所在北京成立，後遷至拉薩，組織翻譯了一批文獻，吳澤霖、費孝通都身體力行地做過譯介工作。[11]由於各種原因，我們的研究起步較晚，田野研究缺乏長期性、系統性，理論方法上也有故步自封的表現，偏重於社會經濟形態的素材，而較容易忽視社會組織、風俗制度與意識形態的素材。

改革開放以來，國內強調「補課」，出版了不少社會文化人類學（民族學）的理論著述，這是可喜可賀的。最近十幾年，獲得高級職稱的中青年學者也越來越多。但是，不可否認，一些民族學工作者欠缺實地調查的經歷，學界對田野調查的要求放鬆，對邊陲少數民族的研究遠遠不夠，市面上田野研究的著述稀少。有人說，目前田野工作

---

10 參見林耀華〈序〉，見黃淑娉、龔佩華《文化人類學理論方法研究》（廣州市：廣東高等教育出版社，2004年）。

11 參見《費孝通譯文集‧前言》（上冊）（北京市：群言出版社，2002年），頁2。

的條件（如交通、通訊、住宿、飲食、醫療、安全、語言溝通、調查工具和手段等）較之 20 世紀五六十年代不知改善了多少，可如今的實地調查與書齋研究的比例較之於過去不知減少了多少。[12]本人深有同感。我雖然退休多年，但也知道一點外面的情況。現在科研的資助力度每年都在增大，下達的課題也在增多，出版界欣欣向榮，民族類的期刊、書籍相當多；但是，深入紮實的調查研究沒有跟上來。由於辛勤收集第一手資料和認真提煉、精巧構思並以樸實平正的筆調敘述的作品不太為社會所賞識和鼓勵，因此田野作品越來越少。這種情況與歷史的發展很不合拍。就青藏高原東南部而言，隨著旅遊的開發，三江並流自然景觀被列入《世界遺產名錄》，社會對非物質文化的保護意識被帶動起來了，國內外迫切需要瞭解這一區域的民族現狀，搶救、整理和保存當地的原生態文化迫在眉睫。但經常到農牧區做調查的人不多。原因何在？這恐怕與投入和產出的衡量標準有關。譬如，有些環境陌生而艱苦，原創性作品生產周期長，即使出得來，社會反應也需要一定時間，不如「跟風」成效快。「不可否認，學界急功近利的浮躁之風，評判成果室內室外一刀切的做法，都是使田野調查邊緣化的原因。」[13]我認為，端正調查之風、調整激勵機制勢在必行，否則民族學研究將難以為繼，更談不上以良好的姿態服務於社會。

西北川、青、藏交界區，以及西南邊陲川、滇、藏接壤地區，民族學資源異常豐富，吸引著以何國強教授為首的研究團隊不畏艱苦、鍥而不捨地調研。這套由 7 部專著組成的叢書即有選擇性地介紹了那裏的民族文化。分冊和作者名依次為《青藏高原的婚姻和土地：引入

---

12 參見郝時遠主編：《田野調查實錄：民族調查回憶‧前言》（北京市：社會科學文獻出版社，1999年），頁3。

13 英國皇家人類學會編訂，周雲水、許韶明、譚青松等譯：《人類學的詢問與記錄‧序言》（北京市：國際炎黃文化出版社，2009年），頁13-14。

兄弟共妻制的分析》（堅贊才旦、許韶明）、《碧羅雪山兩麓人民的生
計模式》（李何春、李亞鋒）、《整體稀缺與文化適應：三岩的帕措、
紅教和民俗》（許韶明、堅贊才旦）、《獨龍江文化史綱：俅人及其鄰
族的社會變遷研究》（張勁夫、羅波）、《青藏高原東部的喪葬制度研
究》（葉遠飄）、《婦女何在？三江並流諸峽谷區的性別政治》（王天
玉）、《滇藏瀾滄江谷地的教派衝突》（王曉、高薇茗、魏樂平）。翻開
細細品味，看得出作者們長期研究的積纍。主編何國強教授是我的學
生，也是這個研究團隊的組織者。他 17 年來堅持探索漢藏區域文化，
主張多學科相結合，調查素材、史志和理論三點互補，中外資料融會
貫通，以及漢族區域和少數民族區域的文化現象互為襯托的研究思
路。自 1996 年夏天至今，他已 11 次踏上青藏高原。擔任博士生導師
以後，他努力尋求基金會的支持[14]，推動每一屆研究生到青藏高原東
部和東南部選題作論文，秉承老一輩民族學家研究西南民族的傳統，
深入偏遠的高山峽谷。據我所知，另外 10 位中青年作者在跟隨他學習
期間，除極少數人之外，皆有 1 年左右的調查經歷，目前分別在高校
或科研部門工作。他們的成果與書齋式的研究不同，每一本書都充滿
鮮活的材料，講理論、重實際，穿插縱橫（時空）比較和跨文化研究
（類型）比較，散發著田野的芬芳。

　　調查員根據已有的知識草擬提綱，到當地觀察、詢問和感受，苦
學語言，一絲不苟地記錄，孜孜不倦地追尋文化變遷的足跡，修正調
查提綱和理論預設。他們入鄉隨俗、遵循當地禮節，與村民建立互

14 本研究相關課題獲得4次資助，即「青藏高原的兄弟共妻制研究：以衛藏和康的五
　個社區為例」（香港中山大學高等學術研究基金，2004-2005年）、「青藏高原東部三
　江並流地區民族文化的歷史人類學研究」（教育部人文社會科學基金，2006-2008
　年）、「三江並流峽谷的民族文化和社會結構變遷研究」（國家社會科學基金，2007-
　2009年）、「川青滇藏交界區民族文化多樣性的動力學研究」（國家社會科學基金，
　2012-2014年）。

信，由此獲得可信的感知材料。但這套叢書不是田野材料的機械堆
砌，而是在科學方法和理論模組引導下的分析、綜合與描述，不僅揭
示了該地區存在的一些問題——如風俗制度的動力和機制、傳統生計
的命運、社會轉型時期婦女的角色變遷等——而且對這些問題做出了
切合實際的解答。

這套叢書堅持了民族學研究偏遠之地的優良傳統，同時強調多維
視角，突出科研的前沿性、創新性及應用性，對於邊疆少數民族的研
究具有彌足珍貴的作用，同時給東南亞乃至世界的民族學提供了參考
價值；在搶救和整理瀕臨絕境的原生態文化方面，體現了學術研究在
增進國民福祉及促進社會和諧過程中的作用，在為西部開發提供決策
依據並帶動民族文化的保護性研究等方面均有不可忽視的意義。

這套叢書還凸顯了「好料做好菜」的訣竅。前期 4 個課題資助，
10 餘年田野調查取得的第一手資料絕不會自動轉化為社會公認的產
品，需要緊扣「民族特色」提煉選題，科學搭配，形成整體效應。編
者先是將婚姻與喪葬制度、血緣組織、傳統生計、本地宗教和外來宗
教（東巴教、藏傳佛教和天主教）的碰撞、婦女地位、先進民族的幫
助與後進民族的發展等選題集合在一個總題目下共同反映特定區域的
文化，「好菜」就做了一半；繼而在中山大學出版社的鼎力協助下申
請國家出版基金資助專案，爭取新的資源來整合後續工作。這樣，整
道「菜」就做好了。以上兩點在何國強教授與中山大學出版社的通力
合作中可見端倪，同時專家的支持[15]也相當重要。在這個基礎上，各
分冊的作者和責任編輯保持良好的互動，認真審稿，精益求精地修改
文本、補充資料、優化結構，本著為人民高度負責的精神對待自己的

---

15 這套叢書於2011年入選「十二五」國家重點圖書出版規劃專案，2012年入選國家出
  版基金資助專案。兩次申報工作，均得到四川省社會科學院任新建研究員和中國人
  民大學胡鴻保教授的極力推薦。

職業。凡此皆說明學術界與出版界的精誠合作對於完成科研成果轉換
的重要作用。

前言

　　位處青藏高原東南緣的三江並流峽谷因其文化多樣性為在跨文化視野中研究性別政治問題提供了寶貴的學術資源與分析對象，但由於受到以往研究視野與理論發展階段的影響，人們對這一區域內婦女群體的關注仍較為有限。本書在前人研究的基礎上，以人類學的研究理論與方法，試圖從政治人類學的視角來審視這一區域內 4 個主要民族（即藏族、納西族、怒族和獨龍族）社會的性別政治問題，從婚姻形態、血緣繼嗣、親屬稱謂、婚姻支付、性別分工、宗教信仰、代際傳遞等方面展開研究；在參考大量文獻和史料的同時，通過實地田野調查和近距離的觀察與訪談，詳細描述了身處各類特殊婚姻形態中婦女的真實生活，系統探討不同婚姻形態和家庭內外的社會性別關係與發展動因，為更全面而深入地理解性別政治問題的產生、發展與變遷提供一種新穎的視角和參照，亦為分析和理解跨文化視野中的性別政治問題提供重要的民族志資料。

　　本書主要由以下 7 個部分的內容所構成：

　　第一章介紹多種獨特性並存的三江並流峽谷。包括地理位置、生態環境和族群往來交融的歷史文化積澱等內容，構建研究對象生活的真實環境。橫斷山脈崇山峻嶺中的三江並流峽谷地處川、滇、藏交界地帶，縱橫分佈的江河將橫斷山區切割為諸多深谷高嶺和一塊塊不連貫的臺地，由此形成的許多相對獨立且封閉的地理區域使得這裏成為生物多樣性最為集中的地區之一；歷史上往來交融的族群則更加豐富了這片區域的文化多樣性，在此基礎上形成的婚姻形態和性別政治形

貌也因此具有複雜性。

第二章詳細描述和分析三江並流峽谷區域社會的繼嗣制度結構及其流變過程，探討不同社會結構中母系與父系繼嗣制度的形成、發展與確立過程中男女兩性所獲取或喪失的權利，包括親屬制度、婚姻制度、土地制度與生產關係、家庭的內部權利關係，以及婚姻的變動形態。不同的血緣觀念和繼嗣制度決定了男女兩性在家庭和當地社會中所處的地位、扮演的角色及其掌握的權利；土地制度和生產方式是人們決定婚姻形態的基本要素，由繼嗣制度決定的繼承權及相應的家庭責任則催生了不同的婚姻締結與支付形式，並為婦女獲得相應的家庭與社會地位提供了必要前提。

第三章分析不同生計方式與性別分工模式下男女兩性的角色與地位。三江並流峽谷脆弱的生態系統和地廣人稀、可供耕地稀少的生存矛盾共同生成了當地半農半牧及包括商貿和手工業在內的多種生計模式。通過當地男女兩性的勞動分工模式、勞動價值認同、社會政權以及建立在此基礎之上的權利實踐體系，發現存在於不同族群社會中的兩性分工認知邏輯與判斷標準，及其如何進一步延伸為一種等級化的空間觀念。女性與男性在不同空間中的合作與競爭關係體現了社會性別制度的複雜性與動態性，同時也生動體現了由土地制度及生產方式所決定的多種婚姻形態存在與延續的內外動因。

第四章通過分析研究對象個體身體的外在表徵和心理感受，解讀不同社會文化系統對女性個體所產生的影響和控制機制。研究發現，「男女有別」及「女性污穢」的身體觀念是不同社會對自我及他者身體的重要認知基礎。社會對女性身體的認識以及女性對自我身體「污穢」的認同共同扮演了重要的角色，並合力推動了女性的自我認識以及對命運的順從感，使得女性群體成為各種婚姻形態不斷延續的重要推動媒介。

　　第五章討論外部環境、文化系統和社會系統之間的聯結機制——性別權利與政治的代際傳遞功能。通過分析當地社會的家庭教育、社區教育、社會教育和學校教育機制，探討各種政治話語與意識形態的滲透過程，分析研究對象個體人格系統的形成與變動狀態，為分析和理解其行為過程中生成的性別角色與地位問題提供微觀視角的分析例證。對男女兩性截然不同的性別期待驅使著人們在家庭與社區中施行不同的濡化與教化方式，社會文化則通過著裝、遊戲、勞動與道德教育等方式不斷強化「男女有別」與「內外分工」的勞動模式以及「男高女低」的社會等級觀念，並通過宗教信仰的形式進行進一步鞏固與強化。制度化學校教育的推行則在很大程度上打破了固化的性別區隔與差異性期待，傳統的社會性別制度及婚姻與家庭觀念受到衝擊，傳統的性別權利與政治模式的存在進一步受到挑戰與威脅。

　　第六章用動態的視角檢視和分析社會變遷對三江並流峽谷傳統性別權利與政治制度的影響與衝擊，探討身處其中的男女兩性個體和群體在社會變遷背景下的反應和能動狀態。以包產到戶為主要特徵的中國農村社會經濟變革對當地的傳統社會性別制度形成了有力的挑戰：一是以國家話語為代表的法制觀念的深入與普及，二是社會變革和商品經濟推動個人權利意識的增強，三是日漸開放的社會環境及發達的傳媒對原有性別制度的影響與衝擊。這些共同作用同時使女性的價值空間得到了充分的拓展。

　　在上述章節分析的基礎上，本書的結論部分對三江並流峽谷 4 個民族的性別政治問題進行總結性分析，試圖探尋一種更加合理且細緻的解釋途徑。儘管婦女在不同歷史階段的社會生活中扮演著重要角色，但其能動性仍然極大地局限於符合社會規範的空間與領域中；性別權利與政治問題的系統性與複雜性在多偶制家庭中得到了集中體現。婦女地位的屈從並不僅僅取決於其所處的經濟地位，同時還涉及

身體角色及其在實踐和行動中所具有的地位和權利。因此，使用單一化的「高」或「低」的判斷標準難以準確地闡釋不同社會結構中婦女的權利地位問題，必須對之進行更加全面系統的分析與理解。婦女在維繫婚姻與家庭方面起著重要的紐帶與協調作用，婦女在家庭與社會中的角色與地位的變動對婚姻與家庭的存在和變動影響深遠，值得進行更加深入的分析與探討。

導論

第一節　研究緣起

一　研究區域：地理位置與多重獨特性的併存

從通常意義上來說，「三江併流」指的是發源於青藏高原的怒江、金沙江（長江上游）和瀾滄江三條大江穿過橫斷山脈高大的雲嶺、怒山、高黎貢山中幽深的峽谷，並行奔流數百公里卻不交匯的自然景觀。從狹義地域劃分上看，三江併流地區僅包括雲南省西北部的迪慶藏族自治州（簡稱「迪慶州」）、怒江傈僳族自治州（簡稱「怒江州」）、麗江市及大理白族自治州（簡稱「大理州」）的部分地區。這裏西與緬甸接壤，北與四川、西藏兩省（自治區）毗鄰。但若考慮到橫斷山脈在橫向 150 公里、縱向 200 公里範圍內被幾條大江縱向切割的自然地貌以及這一區域的族群分佈特徵，那麼「三江併流地區」這一概念所涉及的地域要遠遠超出上述列出的區域範圍。考慮到這一區域內高山峽谷的地理地貌特徵，本書將研究區域確定為「三江併流峽谷」。

本書研究的區域位於四川省、雲南省和西藏自治區結合部，東經 98° 至 100°30’、北緯 25°30’ 至 29°之間。這裏是地球上擠壓最緊、最窄的巨型復合造山帶：在橫向 150 公里、縱向 200 公里範圍內，自西向東並列著擔當力卡山、獨龍江、高黎貢山、怒江、怒山、瀾滄江、雲嶺、金沙江等幾組山脈群和深谷，山峰與江面平均高差 2,500 公尺

左右，這些山脈群構成了橫斷山脈的主體。

長江發源於青海唐古喇山脈主峰格拉丹東西側，到青海玉樹縣境上游進入橫斷山區，稱為金沙江，經西藏從德欽流入雲南，主要支流有漁泡江、龍川江、普渡河、牛欄江等。漢代稱金沙江為黑水、繩水，三國時今渡口以上部分稱為淹水、雅礱江口以下部分稱為瀘水或瀘江水，自元代起稱為金沙江。從長江江源水系匯成通天河後，金沙江流經雲南高原西北部、川西南山地，到四川盆地西南部的宜賓接納岷江為止，全長 2,316 公里，流域面積 34 萬平方公里。

怒江，又名潞江，發源於青海唐古喇山西南山麓的吉熱伯格。其上游藏語稱為拉曲卡，因江水顏色深黑，古代地理著作〈禹貢〉稱其為黑水河，向東流入他念他翁山和伯舒拉嶺之間的峽谷，經西藏從貢山秋那桶流入雲南，在雲南境內流經福貢、瀘水、保山、龍陵、施甸和鎮康等縣（市），從潞西縣出境流入緬甸，稱為薩爾溫江，最後匯入安達曼海。

瀾滄江發源於唐古喇山脈北麓，經西藏由德欽流入雲南，流經維西、瀘水、雲龍、保山、臨滄、景洪等縣（市），在猛臘出境入緬甸、老撾，稱為湄公河；經泰國、越南和柬埔寨等國家，最後注入南海。

三江併流峽谷區域面積達 17.6 萬平方公里。其中，四川省 3.9 萬平方公里，涉及白玉、理塘、鄉城、稻城、得榮等縣；雲南省 2.7 萬平方公里，涉及德欽、維西、貢山、福貢、中甸等縣；西藏自治區 11 萬平方公里，涉及芒康、左貢、貢覺、察隅、鹽井、碧土、察雅等縣。從行政區劃上看，本書研究的區域分別隸屬於四川省的甘孜藏族自治州（簡稱「甘孜州」）、雲南省的迪慶藏族自治州和怒江傈僳族自治州，以及西藏自治區的昌都地區。

按照藏族傳統的歷史地理概念劃分，本書所研究的四川省甘孜藏族自治州、雲南省迪慶藏族自治州和西藏自治區昌都地區同屬康巴藏

族聚居區。其中，甘孜藏族自治州是康巴藏族聚居區的主體，地處川、滇、藏、青交界處，全州地處青藏高原東南緣，山川呈南北縱列式排列，有貢嘎山等山脈，有金沙江、大渡河、雅礱江等主要河流，是青藏高原向四川盆地的過渡地帶，地勢北高南低，平均海拔在 3,000公尺以上；全州總面積 15.3 萬平方公里，占四川省總面積的 1/3，下轄甘孜、爐霍、新龍、白玉、德格、石渠、稻城、鄉城、得榮、巴塘、道孚、雅江等 18 個縣。境內有藏族、彝族、羌族、苗族、回族、蒙古族、土家族、傈僳族、滿族、瑤族、侗族、納西族、布依族、白族等 25 個民族，約 90 萬人。其中，主體民族藏族占總人口的 80%。

迪慶藏族自治州藏語意為「吉祥如意的地方」，是雲南省唯一的藏族自治州，位於雲南省西北部的滇、藏、川交界處，瀾滄江和金沙江自北向南貫穿全境，全州轄香格里拉（即中甸）、德欽和維西 3 個縣，總面積 23,870 平方公里；境內聚居有藏族、傈僳族、納西族、漢族、白族、回族、彝族、苗族、普米族等 9,000 人以上的民族和 16個其它民族，藏族約占總人數的 33.81%。

被譽為「藏東明珠」的昌都地區位於西藏自治區東部，東臨金沙江，與四川省甘孜藏族自治州接壤；北接青海省玉樹藏族自治州；南接雲南省，並有一段地區與印度和緬甸接壤；西南部以色齊拉山為天然界線，與工布地區相連；西北接那曲地區。整個地區總面積 11 萬平方公里，人口約 60 萬，下轄昌都、芒康、貢覺、八宿、左貢、邊壩、洛隆、江達、類烏齊、丁青、察雅等縣。因紮曲和昂曲在昌都相匯為瀾滄江，因此「昌都」藏語意為「水匯合處」。昌都地區地處青藏高原橫斷山區，除南部和一些河谷地帶地勢稍低外，其餘地區的海拔都在 3,000 至 4,000 公尺之間，西北部地區的平均海拔都在 4,000 公尺以上。

怒江傈僳族自治州地處雲南西北部的青藏高原南延部分橫斷山脈

縱谷地帶，北靠西藏自治區察隅縣，東連雲南省迪慶藏族自治州、麗江市和大理白族自治州，南接保山市，西與緬甸接壤。該州是雲南北上西藏和西進緬甸的重要通道。國境線長達 449.76 公里，土地面積14,703 平方公里，下轄瀘水縣、福貢縣、貢山獨龍族怒族自治縣和蘭坪白族普米族自治縣；境內主要聚居著怒族、獨龍族、藏族、納西族和傈僳族等民族。

從族群分佈的地域特徵上看，本書所研究的區域主要聚居著 4 個民族：聚居在金沙江和瀾滄江流域的藏族和納西族，以及分佈於怒江流域的怒族和獨龍江流域的獨龍族。

二　研究價值：文化多樣性與性別政治問題的典型性

三江併流峽谷地處青藏高原向四川盆地和雲貴高原的過渡地帶，縱橫其間的橫斷山脈成為歷史上南北民族遷徙、交流與融合的民族走廊。春秋至隋唐，這一區域內先後有過氐、羌、党項等族群的遷徙。頻繁的流動與交融使得這一地區的文化形貌呈現出多樣性與複雜性併存的特點；同時，典型的高山峽谷地形又造就了這片區域相對顯著的封閉性和差異性，成為不同族群間文化、經濟與政治交融的重要「接觸區域」（contact zone）。悠久的歷史與厚重的文化造就了三江併流峽谷重要的研究價值，尤其體現在語言、宗教、社會組織、婚姻形態等諸多方面。

從民族源流的視角看，集中分佈在這一區域內的藏族、納西族、怒族、獨龍族等民族都是藏緬語族族群，與西北的氐、羌族群有淵源關係，這種同源共祖的歷史奠定了各民族之間唇齒相依、共生相處的客觀條件，並在歷史發展歷程中逐漸形成了同源異流、異源同流以及

在分化和融合中你中有我、我中有你的親緣關係。[1]

從區域研究的視角看，位處川、滇、藏交界區的三江併流峽谷，是世界上罕見的多民族、多語言、多種宗教信仰和風俗習慣併存的地區，由於其特殊的地域和歷史文化背景，自近代以來便一直受到國內外研究者的重視，他們也取得了相對豐碩的研究成果。然而，由於地域環境的隔絕和社會發展的相對封閉性，外界對三江併流峽谷的瞭解十分有限，這片廣闊的區域對於大多數世人來說仍是一個與世隔絕的「秘境之地」。在歷經數次政屬變遷和外來文化的劇烈衝擊之後，三江併流峽谷的社會經濟面貌早已今非昔比，然而，其表現在自然地貌、生物物種和社會文化等方面的多樣性特徵仍然保存至今，尤其以多元婚姻形態為主要外在表現的社會性別權利與政治問題更是頗具學術研究價值。從本書主要涉及的 4 個民族來看，已有的研究可以從以下方面加以梳理和考察。

（一）藏族

「藏族」乃漢語對操用藏語族群的統一稱謂。雖然關於藏族的起源眾說紛紜，但其先民很早就主要活動於青藏高原已是不爭的事實[2]，目前，藏族在中國境內主要聚居在西藏自治區以及青海、甘肅、四川、雲南等省。近代藏族自稱「博巴」、「博」、「伯」，他稱包括「古宗」、「古竹」、「古孜」等。[3]

學界對藏族的關注與研究開始較早，涉及藏族各種民俗、宗教等方面的古代文獻可謂汗牛充棟，而對藏族社會開展真正意義上的實地

1　參見楊福泉：〈略論滇西北的民族關係〉，《雲南社會科學》2000年第5期。
2　參見王堯：《藏學概論》（太原市：山西教育出版社，2004年），頁61-64。
3　參見《雲南各族古代史略》，編寫組：《雲南各族古代史略（初稿）》（昆明市：雲南人民出版社，1977年），頁312-313。

調查與研究則始於 20 世紀初。在當時轟轟烈烈的「邊政研究」浪潮中，不少研究者廣泛深入四川、西藏、甘肅、青海和雲南的藏族聚居區進行實地調查，發表了一批調查報告和研究成果，如蔡元本的《青海蒙藏旗族暨各寺院喇嘛調查》、沈與白的《西藏社會調查記》、馮雲仙的《西康各縣志實際調查》、方范九的《青海玉樹二十五族分區調查》、黎小蘇的《青海民族誌概況》、馬鶴天的《西北考察記：拉卜楞一覽》等。

　　20 世紀 40 年代前後，藏學家李安宅和夫人於世玉深入甘肅夏河地區，對當地的藏族社會進行了長期廣泛的社會調查。李先生的成果主要彙集於《藏族宗教史之實地研究》和《李安宅藏學論文選》等著作中；於先生則根據在甘肅南部和四川西部藏族的調查資料廣泛研究了當地的宗教、民間文學以及當地的婦女問題，其成果彙集為《於世玉藏區考察論文集》。任乃強先生主要在西康一帶開展調查，主要成果包括《西康札記》、《西康圖經》等。此外，同時期的學者俞湘文則在甘肅拉卜楞地區的游牧家庭中開展調查，出版了《西北游牧藏區之社會調查》一書。

　　1949 年以後，隨著民族識別和少數民族社會歷史調查工作的開展，一批具有較高學術價值的實地調查成果先後面世，如《藏族社會歷史調查》（一）（二）（三）（四）（五）、《草地藏族調查材料》、《四川省甘孜州藏族社會歷史調查》等；20 世紀 80 年代以來，藏學研究日漸蓬勃，研究隊伍不斷壯大，研究成果亦日漸豐碩；進入 90 年代，一批接受過專業學術訓練的研究者投身藏學研究領域，產生了一批標誌性的重要成果，如格勒的《論藏族文化的起源、形成與周圍民族的關係》、格勒與張建世等的《藏北牧民——西藏那曲地區社會歷史調查》、陳慶英與何峰等的《中國藏族部落》和《藏族部落制度研究》、徐平與鄭堆的《西藏農民的生活——帕拉村半個世紀的變遷》、劉志

揚的《鄉土西藏文化傳統的選擇與重構》、李立的《尋找文化身份——一個嘉絨藏族村落的宗教民族志》、章忠雲的《藏族志：聆聽鄉音——雲南藏族的生活與文化》、楊學政與格茸拉姆的《雲南民族女性文化叢書‧藏族——佛光裏的詩化人生》等。

除上述出版的著作之外，還產生了一批學術價值突出的博士論文。例如，中國藏學研究中心丹增倫珠的《布達拉宮腳下的雪村——半個世紀的變遷》和達瓦次仁的《活佛權威和社會認同》，中國藝術研究院薛藝兵的《神聖的娛樂——中國民間祭祀儀式及其音樂的人類學研究》，雲南大學郭淨的《卡瓦格博瀾滄江峽谷的藏族》和西繞雲貞的《迪慶藏族百年社會發展簡論》，中山大學廖建新的《三岩「帕措」研究》、王正宇的《論三岩藏族的身份及其認同（1368-1970）》等等。

與此同時，國外對藏族社會與文化的研究亦從未停止。一批重要的學術成果先後被翻譯成中文引進國內出版，如圖齊的《西藏宗教之旅》、石泰安的《西藏的文明》、內貝斯基‧沃傑科維茨的《西藏的神靈和鬼怪》、戈爾斯坦的《喇嘛王國的覆滅》、巴伯若‧尼姆裏‧阿吉茲的《藏邊人家——關於三代定日人的真實記述》等。值得注意的是，一批在國外接受學術訓練的中國學者先後提交了數篇凸顯價值的博士論文，如哈佛大學胡曉江的《西藏拉薩的小商販：移民商業與轉型經濟中市場的形成》（*The Little Shops of Lhasa, Tibet: Migrant Businesses and the Formation of the Markets in a Transitional Economy*）、加州大學伯克利分校葉婷的《被開墾的西藏土地：中國的發展與農業改革》（*Taming the Tibetan Landscape: Chinese Development and the Transformation of Agriculture*）等。

（二）納西族

納西族是分佈於我國滇、川、藏交界地帶的一個有著悠久歷史與文化的民族。由於不同地區納西族方言存在的差異，納西族的自稱包括「納西」、「納」、「納日」、「納罕」、「納恒」等。漢文獻中對納西族的他稱有「麼些」、「麼些」、「磨些」、「摩梭」或「摩些」等。這些自稱在發音上有輕微差別，但基本族稱都是「納」；而西、恒、罕、日都是「人」的意思。藏語稱納西族為「姜」或「卓」。「納西」本為雲南麗江一帶納西族人的自稱，作為統一的族名，是中華人民共和國成立後根據該民族意願確定的。[4]在清代及其以前歷代漢文史志中，這一民族的各支系儘管存在一些差異，但大多被稱為「麼些」。[5]

納西族主要分佈在雲南省、四川省和西藏自治區交界的金沙江、瀾滄江及其支流無量河和雅礱江流域，區域包括 3 個省（區自治）（滇、川、藏）、6 個地級州或市（麗江、迪慶、涼山、甘孜、昌都、攀枝花）和 12 個縣（麗江、中甸、寧蒗、維西、永勝、鹽源、木裏、華坪、德欽、芒康、巴塘、鹽邊）約 8 萬平方公里的範圍，其中以滇西北的麗江為最主要的聚居區。[6] 1954 年，中華人民共和國國家民族事務委員會（簡稱「國家民委」）派出雲南民族識別調查小組根據「名從其主」原則，確定「納西族」為統一族稱。滇川交界自稱「納」或「納日」的族群，在四川沒有經過民族識別，沿用了上層人士的說法，被確定為蒙古族；在雲南，納人則被識別為納西族支系。雲南省人民代表大會常委會在 1990 年將納人確定為摩梭人。

---

4 參見和即仁：〈試論納西族的自稱族名〉，《思想戰線》1980年第4期。

5 參見方國瑜：〈麼些民族考〉，中山文化教育館研究部民族問題研究室：《民族學研究集刊》（北京市：國家圖書館出版社，2010年）。

6 參見郭大烈、和志武：《納西族史》（成都市：四川民族出版社，1994年），頁34。

　　學術界對納西族的研究始於 20 世紀 30 年代，一批學術先驅先後發表了一系列研究成果，開創了納西族研究的先河。其中，有代表性的成果如陶雲逵的《關於磨些之名稱、分佈與遷移》、《磨些族之羊骨卜及骨卜》與方國瑜的《麼些民族考》、《納西象形文字譜》、《納西族的淵源、遷徙和分佈》等。20 世紀 40 年代前後，李燦霖對納西文化的研究引發了學界對納西族研究的關注，李先生也因其在納西文化研究領域的傑出貢獻而獲得「麼些先生」的美譽。與此同時，納西族也引起了國外探險家和研究者的注意，如法國人巴克的《麼些研究》、美國人洛克的《中國西南邊疆納西族的生活與文化》和俄國人顧彼得的《被遺忘的納西古王國》等。

　　20 世紀 50 年代以來，隨著國家民族識別和少數民族社會歷史調查工作的先後開展，對納西族進行調查和研究的學者與成果日趨增多，早期的研究主要是對納西族歷史與文化的社會調查，成果包括《納西族社會歷史調查》（一）（二）等，後續的研究則以對納西族歷史文化的史學研究為主。

　　20 世紀 80 年代以來，一批接受過系統學術訓練的學者投身到納西族研究的隊伍中，他們將以往的文獻研究經驗與實地調查相結合，開創了納西族研究新的發展局面，主要代表性成果包括詹承緒、王承權、李近春等的《永寧納西族的阿注婚姻和母系家庭》，嚴汝嫻和宋兆麟的《永寧納西族的母系制》，國家民委《民族問題五種叢書》之一的《納西族簡史》等；雲南本土的研究者主要是方國瑜先生及其門下的和志武、木芹、傅於堯等學者。這一時期的研究除繼續推進對納西族漢文史料的整理和考證之外，還開始了以整理東巴文資料和其它文字資料為途徑的全新研究方式，為這一領域後續研究的開展奠定了堅實的基礎。此外，李燦霖先生 40 餘年納西族研究的成果《麼些研究論文集》也於 1984 年由臺北故宮博物院出版。20 世紀 80 年代前

後，國外對納西族研究的主要成果有日本諏訪哲郎的《西南中國納西族的農耕民性和畜牧民性》、英國傑克遜的《納西宗教》等。

　　1990 年以後的納西族研究成果主要有郭大烈與和志武的《納西族史》，楊福泉的《多元文化與納西社會》、《納西族與藏族歷史關係研究》，和鍾華、楊世光主編的《納西族文學史》，余海波、余嘉華的《木氏土司與麗江》，和少英的《納西族文化史》，甘雪春的《正在走向世界的納西文化》，和鍾華的《雲南民族女性文化叢書・納西族——在女神的天地裏》，周華山的《無父無夫的國度》，等等。

（三）怒族

　　怒族有「怒蘇」、「阿怒」、「阿龍」、「若柔」等支系，漢文典籍史稱「怒人」、「怒子」等，是中國人口較少、使用語種較多的民族之一，為滇西北獨有的世居民族。民國時期主要分佈於東經 99°左右、北緯 26°至 28°30’ 之間的怒江流域，也就是高黎貢山東麓和碧羅雪山西麓的江邊低地[7]；現在主要聚居或交錯雜居分佈在怒江兩岸海拔 1,500-2,000 公尺的山間臺地上。區域包括怒江州的貢山獨龍族怒族自治縣、福貢縣、瀘水縣及蘭坪白族普米族自治縣等地；此外，在雲南迪慶州的維西縣及西藏自治區的察隅縣也有少量分佈，與傈僳族、獨龍族、藏族、白族、漢族、納西族等民族交錯雜居，主要從事山地農業。

　　對怒族的研究始於 20 世紀五六十年代的國家民族識別和少數民族社會歷史調查工作，產生的主要成果包括《怒族簡史》、《怒族語言志》、《怒族社會歷史調查》等，這些成果為後續研究的開展提供了重要的文獻資料。

7　參見陶雲逵：〈幾個雲南土族的現代地理分佈及其人口之估計〉，《「國立中央研究院」歷史語言研究所集刊》（第七冊）（北京市：中華書局：1987年），頁426-432。

　　20 世紀 80 年代以後，對怒族的研究逐步得到深入開展，相關成果主要有趙沛曦和張波的《怒族歷史與文化》、何林的《同一屋簷下——貢山阿怒人的宗教信仰研究》、李月英的《三江併流地區的怒族人家》、劉達成的《怒族文化大觀》、陶天麟的《怒族文化史》與《1949 年前的怒族教育》、高志英的《雲南鄉土文化叢書・怒江》、何叔濤的《雲南民族女性文化叢書・怒族——復蘇了的神話》、王國祥的《怒族研究史略》、李志恩的《怒族源流與遷徙》、彭兆清的《怒族的民族關係和民族交往》等。

　　此外，雲南大學蕭迎的博士論文《怒江地區民族社會發展史》和高志英的碩士論文《怒江地區民族教育百年發展歷程研究》等學位論文都涉及對怒族的研究內容。

（四）獨龍族

　　獨龍族，漢文史籍稱之為「俅人」、「俅曲」、「曲人」等，自稱「毒龍」。民國時期主要分佈在東經 98°50' 往西至 97°50'、北緯 27°-28°之間，即毒龍河流域（毒龍河本為金沙江源泉之一，處於高黎貢山與江心坡之間[8]），亦是滇西北獨有的世居民族。作為新中國的一個少數民族，現在的獨龍族主要分佈在雲南省西北部怒江州貢山縣西部的獨龍江峽谷兩岸和北部的怒江兩岸，以及相鄰的維西縣齊樂鄉和西藏自治區察隅縣的察瓦龍等地。此外，居住在西藏自治區察隅縣境內的僜人與獨龍族可能存在親緣關係，居住在獨龍江以西緬甸境內的許多不同稱謂的部落群體與獨龍族也有密切的親屬部落聯繫。[9] 國內其

8　參見陶雲逵：〈個雲南土族的現代地理分佈及其人口之估計〉，《「國立中央研究院」歷史語言研究所集刊》（第七冊），（北京市：中華書局，1987年），頁426-432。

9　參見《民族問題五種叢書》雲南省編輯委員會、《中國少數民族社會歷史調查資料叢刊》修訂編輯委員會：《獨龍族社會歷史調查》（一）（北京市：民族出版社，2009年），頁12。

它地方少量分散的獨龍族大抵都與獨龍江有關，只是遷徙的歷史時期存在差別。

作為國內獨龍族研究的先驅，陶雲逵早在 20 世紀 30 年代就深入獨龍江進行體質人類學調查。事實上，在此之前已有幾位研究者深入獨龍江開展過實地調查，為當時獨龍族的分佈及實地情況留下了珍貴的記錄，如尹明德的《雲南北界勘察記》、李根源的《滇西兵要界務圖注》、楊斌銓的《行程記》、謝彬的《雲南遊記》等。20 世紀 40 年代前後對獨龍族的研究成果有李生莊的《雲南第一殖邊區域內之人種調查》、尹明德的《滇邊野山及恩梅開江邁立開江流域人種》、張家賓的《滇緬北段未定界境內之現狀》、嚴德一的《俅子──傳說父輩尚為有巢氏之民》、范義田的《雲南邊地民族教育要覽》等。

20 世紀五、六十年代，全國少數民族社會歷史調查組對獨龍族開展了較為系統的調查與研究，產生了一批寶貴的研究成果，如《獨龍族簡史》、《獨龍族社會歷史調查》（一）（二）等，並湧現出一批獨龍族研究專家及其研究成果，如洪俊的《獨龍族源初探》、蔡家麒的《獨龍族社會歷史綜合調查報告》、楊毓驤的《舒伯拉嶺雪線下的民族》等。

20 世紀 80 年代以來的研究成果包括李金明的《獨龍族原始習俗與文化》與《高山峽谷獨龍家》、羅榮成的《雲南民族女性文化叢書・獨龍族──自然懷抱中的紋面女》、高志英的《獨龍族社會文化與觀念嬗變研究》、郭建斌的《獨鄉電視：現代傳媒與少數民族鄉村日常生活》、周華山的《紋面女之謎──58 個獨龍族紋面女的述研究》，以及中山大學人類學系周雲水完成的博士論文《獨龍族社會結構變遷研究》等。

三　主要內容

　　上文對主要分佈於三江併流峽谷的 4 個民族的研究狀況進行了簡要回顧，從中不難發現，由於這一區域複雜的自然和人文環境，尤其是現存稀少的歷史文獻，及其在當前國家社會經濟發展中有限的地位狀況，共同造成了對這一區域問題研究的困難與不足。此外，儘管三江併流峽谷豐富的文化多樣性為在跨文化視野中研究性別政治問題提供了寶貴的學術資源與分析對象，但由於受到研究視野與理論發展階段的影響，人們對婦女群體的關注仍然有限。而在這些數量不多的涉及婦女的研究中，大部分的研究又較為偏重對民族史志的搜集與簡單介紹，對性別政治問題往往疏於討論。從學科史的視角來看，這種情形在一定程度上反映了中國民族學和人類學研究在發展歷程中暴露的共性問題：一是受學科發展史的影響，中國人類學和民族學對婦女問題的研究起步較晚，對少數民族女性群體的研究自 20 世紀 80 年代中期之後才得以真正開展起來[10]；二是中國少數民族婦女研究大多偏重於對民族學、人類學相關理論的論述說明，偏重於民族史志的收集與介紹等，對婦女問題與現代化發展導致的政治權利、經濟發展、社會

---

10 按發表時間先後順序可參見陳伯霖〈定居前鄂倫春族婦女作用和地位問題初探〉，
　《黑龍江民族叢刊》1988年第3期、楊德芳〈試從水族婦女的地位探索水族的社會
　歷史〉，《貴州民族研究》1991年第3期、依拉罕〈西雙版納傣族農村婦女在家庭中
　的地位〉，《中華女子學院學報》1992年第4期、張雲〈論藏族婦女的地位〉，《西藏
　研究》1992年第2期、南文淵〈西寧市回族婦女社會考察〉，《寧夏社會科學》1993
　年第1期、王冬芳〈早期滿族婦女在家庭中的地位〉，《遼寧大學學報》1994年第5
　期、王承權〈少數民族婦女的婚姻家庭及其地位變化〉，《雲南民族學院學報》1995
　年第4期、雷偉紅〈從婚姻家庭看畬族婦女的社會地位〉，《中南民族學院學報》
　1998年第1期、趙瑛〈從婚姻家庭看布朗族婦女的社會地位〉，《雲南民族學院學
　報》2002年第4期、陳慶德〈現代語境中的婦女地位與箐口哈尼村寨中的婦女角
　色〉，《思想戰線》2008年第4期。

公平等問題的系統考察較為缺乏。[11]這些問題反映出歷史研究自身的局限性，因為「研究者不光要瞭解歷史，還要瞭解人們受制於政治、經濟和多元文化——它們是不斷地生產和再生產出來的——過程。一種敘述如果遺忘了社會分化，勢必落入平庸、蒼白的窠臼」[12]。

　　事實上，根據 20 世紀五六十年代的社會歷史調查資料顯示，三江併流峽谷在血緣繼嗣、親屬稱謂、婚姻形態、婚姻支付、性別分工、宗教信仰等方面都存在突出的獨特性，並保存著人類進化發展史中在其它大部分地方已經絕跡的社會經濟與文化形貌。三江併流峽谷在婚姻形態和社會性別文化方面的多樣性和複雜性不言而喻，本書將在各個章節中進行分析和論述。

　　與以往部分研究聚焦單一民族群體有所不同的是，本書致力於在前人研究的基礎上，以人類學的研究理論與方法試圖從政治人類學的視角來分析審視三江併流峽谷區域內 4 個主要民族（即藏族、納西族、怒族和獨龍族）社會的性別權利與政治問題。政治人類學可以為以往的社會性別研究帶來一些新的元素，從這一視角研究婦女所處的社會發展狀態和趨勢，不但能揭示源自不同社會結構根源和生產方式的社會性別制度與等級分化進程，同時還可以對不同族群社會性別制度與文化展開敘述與解讀，進而深化對三江併流峽谷的整體性認識。

---

11 參見尼瑪紫西、劉源：《西藏婦女的傳統「沉寂」與現代化抗爭》，楊福泉主編：《中國西南文化研究》（昆明市：雲南科技出版社，2007年），頁263。
12 〔美〕羅伯特・C. 尤林著，何國強、魏樂平譯：《陳年老窖：法國西南葡萄酒業合作社的民族志》（昆明市：雲南大學出版社，2012年），頁3。

第二節　研究回顧：男性和主流話語權威書寫時代的性別政治問題

　　與「階級」這一概念相比，生理性別（sex）和社會性別（gender）在社會差別中是高度可見的認同形式，它們表現在人類身體的內部和外部，同時也是人類最初的認同，形成於社會化的早期和對變革的抗拒中；同時，作為具有相似性和差異性的社會組織中的基本範疇，它們似乎在所有社會中都發揮著作用。因此，儘管性別在傳統上被視為具有跨時間的穩定性，但社會性別在歷史維度上具有變化性，在不同時代和文化中對男女兩性的理解也會隨之發生改變。[13]

一　人類學視野中的性別政治問題

（一）性別視角在人類學研究領域內的出現與發展

　　人類學學者很早就注意到了男女兩性在社會文化中所扮演的不同角色及由此產生的一系列性別社會地位問題，除廣泛描繪存在於不同社會結構和文化圖景中的性別角色之外，也開始致力於探尋導致這種差別存在的原因或動力，而與此相關的親屬制度、婚姻家庭和性別角色等內容也一直作為傳統人類學研究的基礎領域存在至今。

　　林頓（Linton）將每個人天生授予或至少與生俱來的地位稱為「歸屬地位」，將個人在變幻莫測的生活中獲得或至少是無意中獲得的地位稱為「獲致地位」。[14]性別角色與地位是普遍存在於每個社會中

---

13 參見〔英〕西蒙・岡恩著，韓炯譯：《歷史學與文化理論》（北京市：北京大學出版社，2012年版），頁158。

14 參見Ralph Linton. "The Study of Man:An Introduction." *Appleton. Century Crofts*, 1936: 114.

的歸屬地位形式之一。

　　瑪格麗特・米德是最早使用民族志描述兩性角色之間生物性別和社會屬性差異的人類學者之一。在其成名作《薩摩亞人的成年》中，她審視了成長中的薩摩亞女孩，關於「成長為婦女的過程」和「青春期身體變化的突然性和顯著性」是否伴隨著一種不可避免的精神和感情上的痛苦，米德的回答是否定的。她認為，薩摩亞人成年的過程中並沒有出現象那些生活在美國的同齡人那樣充斥著不愉快的含義。[15]在《三個原始部落的性別與氣質》一書中，她發現 3 個部落的社會性別模式都與當時西方社會所認可的狀況迥異，因此認為社會性別角色是由文化決定的。[16]

　　米德的研究開啟了 20 世紀三四十年代的「女性民族志」文本時代。在這些文本中，女性成為主角或研究對象，並且通過其生活史、自傳或遊記的描述進行文本構建。但這一時期的研究者通常在泰勒所宣導的經驗主義臆斷（將女性作為一個更為徹底的社會寫照進行研究）和帕森斯的實證主義方法（試圖駁斥有關文化和社會性別的模式化見解）間舉棋不定。

　　20 世紀 60 年代興起的婦女解放運動和美國黑人運動中萌生的女性主義思潮對人類學的女性研究產生了極大的推動作用，置身其中的人類學者們除承襲原有的研究旨趣（如女性地位）之外，還在人類社會變革的理論中重新思考和定義女性的地位和價值。作為專門領域的「女性研究」（women's studies）由此肇發。自此，女性研究領域所附帶的政治色彩日益彰顯。之後，受到政治學、人類學、文學、生物學

---

15 參見〔美〕瑪格麗特・米德著，周曉紅、李姚軍、劉婧譯：《薩摩亞人的成年》（北京市：商務印書館，2008年）。

16 參見〔美〕瑪格麗特・米德著，宋踐譯：《三個原始部落的性別與氣質》（杭州市：浙江人民出版社，1988年）。

等不同學科領域的部分學者（大多數為女性）的認同，女性研究發展
迅速。起初，大多數的研究主要致力於對性別不平等進行普遍性的探
尋，發出女性「重獲」（retrieval）權利和地位的訴求，揭示在男性統
治的社會中被忽略或輕視的女性對文化的貢獻，找尋女性自己的聲
音，爭取女性自己的空間，還原女性自己的形象。這種初衷的產生是
學者們意識到女性自身的學術知識被邊緣化的集中反映。許多秉持女
性主義的學者認為，這種對女性歷史與知識的淡漠和排擠根植於男性
對社會的絕對控制。這種觀點指涉的是男性在先天條件上對女性的控
制所賦予男性的優越感。女性主義者提醒我們關注這種控制的範圍和
程度，並提出男性在這種關係中的權利可以理解為一種男權控制，對
女性在世界範圍內普遍居於從屬地位的認識便由此引發。這些學者認
為，無論是在西方還是在欠發達國家，女性的地位都亟待得到改善。[17]

　　20 世紀 70 年代是女性主義思潮蓬勃發展的繁盛時期，受其影響
的人類學家們雄心勃勃，運用各種理論嘗試理解和分析存在於各種文
化環境中的女性地位問題，各種假設和猜測層出不窮，武斷和盲從屢
見不鮮，其結果是頻繁的相互攻擊和論戰。比如，羅莎多（Rosaldo）
等人認為「男女兩性之間的文化評估存在不對稱性，其重要性在於以
此指定男性和女性，且似乎廣泛存在於世界各地」，通過舉證一些民
族志實例繼而提出「性別的不對稱性為何是一種廣泛存在於人類社會
的事實？」[18]她的答案是，在所有社會中都存在某種程度上的公共與
內部空間之間的區隔。因此，其改善之道則是將男性納入到內部空間
中來。

---

17 參見 Naomi Quinn. "Anthropology Studies on Womens Status". *Annual Review
Anthropology*, 1977 (6):181-225.
18 參見 M. Z. Rosaldo & L. Lamphere (eds). *Women, Culture, and Society*. Stanford
University Press, 1974:19-22.

經濟變數被認為是解釋女性地位的首要因素。勞動分工所產生的空間價值差異導致了女性的地位問題。大量針對狩獵採集社會和農業社會的研究開始出現，這些研究擴展到家庭內部的食品生產過程，女性在家務中的經濟活動也受到足夠的關注。

社會結構變數也是解釋女性地位的重要因素。在某些社會中，男性之間為獲取威信而進行婚配。女性不僅僅被排除在獲取威信的範圍之外，而且還成為男性交換的目標而服從於男性的安排。列維-斯特勞斯認為，亂倫禁忌將自然與文化區分開來，創造了象徵秩序，並建立了性別區隔，並且，幾乎無一例外的都是男性在交換女性。這種禁忌迫使一個家庭放棄自己的成員而去選擇另外一個家庭的成員進行婚配，因此產生出一種存在於家庭之間的交換體系。斯特勞斯還指出，一種親屬體系至少包括四種類型的家庭關係：母親和母親的兄弟之間的血親關係，異性配偶之間的關係，代際關係（父母與子女之間），甥舅關係。魯賓認為，婚姻交換是「女性受到壓迫的基本核心」。但也有人強調，在行交換婚的社會中，女性在生活的其它領域內並沒有受到特別的壓迫。比如，姐妹共夫婚即被認為對女性地位產生了影響。

顯而易見，女性主義思潮的興起和學者們對女性地位探究的興趣源於一種重要的潛在動因——政治因素。這種研究初衷導致了當時幾乎（甚至直到今天仍然如此）遍佈全球的學者們對女性地位的刻板認識——女性地位低下。由於學界相通，人類學家的討論也或多或少（甚至是極大地）受到這種認識的影響，進而採納了這種政治觀念作為其分析女性地位的基本指標。儘管大多數研究者在其研究開始之際都會小心謹慎地定義研究領域中所涉及的「地位」的內涵和外延，但他們當中的大多數人所設定的諸如政治參與、經濟控制、個人自治、人身平等、法律保障、教育權利等諸多變數，實際上都成為驗證「女性地位低下」這一模式性假設的必要條件。儘管進行了數十年的探

尋，有關女性地位的問題留給人們的仍是一片迷思。

(二)探尋決定「婦女地位與權利」的核心要素

由於迷思的存延，因此，找尋導致女性地位普遍低下的「金鑰」成為研究者的主攻方向。女性研究更多地集中於探討女性受壓制的原因及狀況，並開始討論性（sex）和性別（gender）是如何操控和證明這種壓制的。

羅莎多根據一系列相似的民族志實例提出，對男性和女性文化的評價存在一種不對稱性。她認為，這種不對稱性普遍存在於社會和文化對男性和女性的重要安排之中，並將存在這種普遍性的原因解釋為男性和女性在公共和私人領域內不同的角色分工。因此，她建議將男性納入這種內部的私人空間之中，以期改善女性地位低下的狀況。[19]奧特納（Ortner）進一步論證了女性在生殖和家庭的限制中無法避免的生物屬性，以此作為其撫育孩子責任的後果，女性的責任導致了她們自然的象徵性身份認同，其結果是她們被排除在文化領域之外。[20]

更多的學者發現，除影響女性的社會和文化因素之外，西方殖民主義的全球擴張及新的經濟和生產方式（現代化）對原有的性別地位也產生了深遠影響。殖民行為重新定義了女性在農業生產中的位置，重構了傳統的土地所有制，並且主要依靠男性推廣商品作物和新的種植技術。

由於思維定式的左右，女性在同樣的社會和文化環境中所擁有的平等甚至高於男性的地位問題被輕易地忽視了。因此，面對「女性地

---

19 參見M. Z. Rosaldo & L. Lamphere (eds). *Women, Culture, and Socitey*. Stanford University Press, 1974.

20 參見S. B. Ortner. Is Female to Male as Nature is to Culture? in M. Z. Rosaldo & L. Lamphere. *Women, Culture, and Society*. Stanford University Press, 1974.

位」這樣一個包含兩個或更多變數的複雜現象，學者們提出必須使用
不同變數的綜合體來看待和分析女性地位問題。

由於女性地位問題的複雜性，使得人類學家不能孤立地考量各種
影響因素，而現代國家的崛起和遍佈全球的工業發展也對女性地位產
生了深遠的影響。在不同的婚姻制度中，女性的內部權利受到來自男
性的威脅。男性對女性的統治之謎被解釋為兩性權利博弈和平衡的產
物。大量的發現使得人類學家陷入了迷思，女性地位普遍低下的論斷
（在很大程度上）佔據了學者們的思考空間和注意力，因此，需要使
用新的材料和視角來看待和分析有關這一問題的各種假設。直到 20
世紀 80 年代，儘管學者們在探尋女性地位「金鑰」的征途上孜孜不
倦，研究成果卷帙浩繁，但觸及核心問題（如社會性別的不對稱性）
者寥寥無幾。[21]

（三）新的解釋路徑

對金鑰理論更多的直接挑戰還來自於對民族志文獻中性別偏見的
控訴。由於人類學者疏於與女性交流，一些男性記錄者和男性報導
人[22]對女性的淡漠和忽視導致研究證據缺乏。因此，不少學者將研究
興趣從探尋決定女性地位原因與結果之間的關係轉向對其形成過程的
解釋。

隨著跨文化研究的廣泛實踐，學者們的研究興趣逐漸從對金鑰理
論的探尋轉向定義和探尋女性地位等更多特殊的方面。早期研究中所
體現的經驗性範式受到質疑，原先那種明顯受到歐美文化中根深蒂固

---

21 參見 Naomi Quinn. "Anthropology Studies on Womens Status". *Annual Review Anthropology*, 1977 (6):181-225.

22 報導人：在實地調查中，一些瞭解與懂得地方社會歷史與宗教知識的人，或者生活經歷豐富的人充當訪談對象，筆者稱之為「報導人」。

的性別偏見模式影響的研究理念遭到詰難。學者們嘗試使用更多、更為複雜的理論解釋性別不對稱性的存在，並探查生產與生育分工角色之間的關係。

奧特納的觀點被認為是根植於西歐的文化和歷史傳統，而羅莎多的公共與內部空間區隔的普遍性論斷也遭到質疑。經濟變數被認為是決定女性地位的基本因素而受到重視。除以往一直關注的狩獵與採集社會和傳統農業社會的案例之外，女性在經濟活動中對勞動產品的控制力及其參與分配和交換的程度也受到關注。隨著社會生產技術的不斷革新，資本主義工業革命擴大了性別的空間區隔，對女性工作的研究興趣因此擴展到了工業和非工業社會中的社會經濟角色上，更多的學者開始注意社會發展、殖民主義、現代化和全球化對女性所產生的影響。在社會文化方面，除繼續考察女性在生育和家庭活動中所充當的角色之外，女性的政治參與問題亦被關注。早期曾被廣泛忽略的女性在儀式與宗教中所扮演的角色問題也進入了研究者的視野。然而，由於很難測定變數指標，對女性地位的跨文化分析存在困難，學者們發現很難用「高」或「低」的絕對化標準來劃定女性的地位，對女性地位的研究隨即轉入了微觀層面。另外，問題的核心還在於判斷標準的劃定問題。

人類學對女性地位和角色探尋範式的轉變與女性主義本身的理論轉向是不謀而合的。蘇紅軍認為，20世紀80年代以後，女性主義在政治理論和認識論上出現了3個顛覆性的重要轉變：一是逐步擯棄西方啟蒙主義建立在宏大敘述基礎上的認識論，尤其是其中有關性別的壓迫性的宏大敘述；二是從對事物的研究轉向對語言、文化和話語的研究；三是從追求男女平等轉向強調婦女之間的差異，包括解構西方女權主義的第三世界女權主義和第一世界中的少數種族女權主義以及女同性戀女權主義，批判了西方女權主義所繼承的傳統的東西方文化

差異理論，指出這種差異理論是建立在啟蒙主義的等級制二元論基礎之上的。[23]

20世紀90年代以後，更多的研究轉向了「社會性別研究」（gender studies）領域。雖然在很多時候，這個新名詞只是「女性研究」的另一張標籤，然而，這種概念上的轉向卻彰顯出研究者們更大的理論雄心，即試圖把原有的將女性和男性相區隔的女性研究思想轉向一種新的、將男女兩性都看作社會性別構成環境中的對等成分的理念。[24]越來越多的研究在探究男女不平等、婦女受壓迫的根源時，都強調性別差異與婦女社會地位及家庭地位的關係，並著重考察「性別角色」的形成過程及其意義。[25]更為重要的是，對性別的文化構建與自然象徵的研究意味著對女性地位研究的歷史性超越。此外，學者們還在處理女性群體內部的結構性差異上達成了某種共識，即認為「惟有將日漸拉大的種族、族群、階級差異以及南北之間的全球差距等一併予以考慮，社會性別的不平等才能得到更加微妙和全方位的理解」[26]。按照這種學術理論路徑，越來越多的非西方女性學者（有色人種和第三世界女性研究者）開始對西方女性主義理論進行解構，進而對「第三世界女權主義」進行建構，對「女性地位和角色」研究的理論體系進行拓寬，使得對這一研究對象更為深入和全面的理解和解釋逐步成為可能。

---

23 參見蘇紅軍：〈成熟的困惑：評20世紀末期西方女權主義理論上的三個重要轉變〉，蘇紅軍、柏棣主編《西方後學語境中的女權主義》（桂林市：廣西師範大學出版社，2006年），頁339。

24 參見Lucinda Joy Peach. Women in Culture: A Womens Studies Anthology. Blackwell Publishers Inc, 1998.

25 參見譚琳、陳衛民：《女性與家庭：社會性別視角的分析》（天津市：天津人民出版社，2001年），頁3。

26 胡玉坤：〈社會性別、族群與差異：婦女研究的新取向〉，《中國學術》2004年第17輯。

綜上所述，性別研究與人類學的核心領域密切相關，並顯現出一種涉及象徵、結構主義、馬克思主義和政治經濟學派的爭論，對於女性地位的看法，從一種放之四海而皆準的普適性理論逐步轉向在一定範圍、在特定社會或地區場景空間內的觀念。將性別之間的差異看作「不平等」，反映出西方人類學家對這些政治體系的「地位偏見」解釋。因此，理解女性的經濟角色本身比記錄其所產生貢獻的資料顯得更為重要；同樣，文化也比經濟更為重要。由此可見，必須採用全景式的描述方法，從多角度對身處特定環境中的社會性別進行研究，才能更加全面而深入地理解特定文化中的女性及其地位。

二 男性權威時代的「失語」婦女

人類學家對婦女問題的關注與這門學科的誕生幾乎是同時的，然而，人類學界存在的性別偏見以及研究群體以男性學者為主體等因素，客觀上限制了對該領域的深入探索。儘管如此，仍有一些女性人類學者（以及少數男性人類學者）在這一領域進行過理論思索與研究實踐，嘗試解開困擾人們的性別與權利謎團，同時提出更多需要考慮的問題。

回顧歷史，20世紀60年代的女權運動直接催生了70年代女性主義思潮的迅速崛起與發展，90年代以後興起的社會性別理論則為這一領域的研究拓展了更為寬廣的思考空間。今天，作為人類社會發展不可或缺的組成部分，女性群體的重要性早已得到人類學家的公認，他們將對這一領域的研究作為瞭解人類社會文化整體的基石之一。然而，與城市和那些人數較多族群的婦女群體相比，對鄉村和少數族群婦女的關注與研究始終較為薄弱，就算是以田野調查為經典研究方式的人類學也不例外。

　　本書將研究視角投向一片多種婚姻形態曾經併存發展的區域，探尋 4 個不同的族群，其中包括活動區域最為廣泛且完整保留多種婚姻形態的族群——藏族及其多偶制中的婦女群體，在參考大量文獻和史料的同時，通過實地田野調查和近距離的觀察與訪談，詳細描述了身處不同婚姻形態中婦女的真實生活，以此釐清存在於當地的社會性別關係，分析婦女在當地社會與文化中扮演的角色及其所佔據的地位和擁有的權利，系統探討了藏族、納西族、怒族和獨龍族家庭內外的社會性別關係與發展動因，為更加全面而深入地理解這一區域內多種婚姻形態的產生、發展與變遷提供了一種新穎的視角和參照，亦為分析和理解跨文化視野中婦女的角色與地位問題提供了重要的民族志資料。

　　需要指出的是，作為一種延續至今的婚姻形態，本書所關注的藏族多偶制所具有的重要存在意義與特殊價值還未能得到充分的關注與認可。同時，在人類學的性別權利與婦女地位研究視野中，由於多偶制存在數量的稀少和研究開展的困難，學者對其關注與研究亦較為有限。事實上，存在於所有婚姻形態中的性別權利與婦女地位問題在多偶制中的表現尤為突出，其家庭內部性別權利結構中所表現出的矛盾的性別關係和衝突與整個社會的性別制度交錯共生，構成了一種「顯隱併存」的複雜關係。這種獨特的屬性對於婚姻家庭、性別權利及婦女地位的研究具有不容忽視的價值。因此，本書的研究不僅是對以往藏族多偶制研究的一種補充，同時也是對以往性別權利與婦女地位研究視角的拓展與嘗試。

　　本書的探索與實踐是對以往性別權利與婦女地位研究的一種再認識，尤其是藏族多偶制的存在與延續駁斥了婦女在跨文化視野中普遍居於屈從地位的機械化認識。多偶婚制度下婦女的角色與地位所呈現的能動、系統與象徵屬性驗證了納奧米・奎恩（Naomi Quinn）對婦

女地位研究發展趨向的預測，所採用的對研究對象動態現實生活的深描與系統分析的方法也證明了南茜‧列維妮（Nancy E. Levine）針對婦女地位研究所提出的運用多個變數替代單一變數進行評價與分析的有效性。對多種婚姻形態中婦女角色與地位的關注研究嘗試印證了社會性別權利與政治的複雜性。無論是理論思想的創新還是對研究路徑的探索，其目的都是為了在對同類問題的探究中走得更遠。儘管無法窮盡所有可能的問題，但本書對不同婚姻形態的關注與探討豐富了以往婦女地位的研究視野，同時也提出了留待繼續探尋的問題。

第三節　概念界定、理論視角及研究路徑與方法

一　概念界定

馬克思認為：「任何人之間的直接的、自然的、必然的關係是男女之間的關係。……從這種關係的性質就可以看出，人在何種程度上成為並把自己理解為類存在物、人；男女之間的關係是人和人之間最自然的關係。」[27]這一經典論斷，既道出了人的自然性別，也指出了社會性別。

在有性生殖的領域，所有物種的個體都可以用性別進行區分。一般情況下，一個物種有兩種性別，即雄性與雌性，或陽性與陰性。性別有生理性別和社會性別之分，人的自然性使人具有生理性別，人的社會性使人具有社會性別。生理性別是指兩性在生理方面的差異，是先天的。社會性別泛指社會對兩性和兩性關係的期待、要求和評價，常常在社會制度（如文化、資源配置、經濟體制等）及個人社會化過

27　《馬克思恩格斯全集》（第42卷）（北京市：人民出版社，1979年），頁11。

程中得到傳遞和鞏固。生物性別上的差異決定著社會性別和性行為上的差異[28]，正常的性與婚姻關係只存在於不同性別的兩個人之間，並且性別在生活中有一定的性別角色。

對於權利的研究，除傳統的政治學研究（如馬克思的批評結構主義權利論、馬克斯‧韋伯的建構主義權利論和經典的精英權利論）以外，社會學家和人類學家也早有涉及。帕森斯認為，可把作為政治的權利視為一種可無限擴張的資源，類似於一種經濟資源，這種權利也可理解為一種轉換能力，即隨著社會日益複雜，改變物質世界和社會世界的能力水準也顯著提升。

社會學理論認為，權利是指產生某種特定事件的能力或潛力；許多心理學家視權利為人們行動和互相作用中的一個重要的基本動機；還有人認為，權利就是一種與理解的預測行為有特別聯繫的動機。這些定義均沒有揭示權利的真正本質。人為了更好地生存與發展，必須有效地建立各種社會關係，並充分利用各種價值資源，這就需要人對自己的價值資源和他人的價值資源進行有效的影響和制約，這就是權利的根本目的。劉創楚和楊慶堃認為，社會學的地位和角色（status and role）理論是無往而不能用的概念，可以運用於中國社會的研究。[29]有鑑於此，筆者綜合人類學和社會學的相關理論，結合實際，概括出適合本研究對象的性別權利概念範疇：男女兩性在當地社會系統中，憑藉自己的角色與地位，以各種方式強制影響和制約自己或其它主體價值和資源的能力。

西方政治思想家從二元論的角度來談論政治，認為政治不屬於自然（如本能、直覺和混亂），而屬於文化（如語言、理性、科學和藝

---

28 參見馬克思：《1844年經濟學哲學手稿》（北京市：人民出版社1985年），頁76。
29 參見劉創楚、楊慶堃：《中國社會：從不變到巨變》（香港：香港中文大學出版社，1989年），頁1。

術）；政治存在於公共領域，而不存在於個人或家庭的私人利益中。他們也用同樣的思維框架來談論人類，認為男女互為對立的兩極，女性通過男性來確認，同樣男性也通過女性來確認。[30]二元論本質上是將男性的政治理論嚴格地認同於理性、秩序、文化和公共生活，而女性則與自然、情感、欲望和私人生活密切相關。[31]受此思維影響，女性「被排除於嚴肅的公共事務空間，長期陷於家庭空間和與子嗣的生物和社會再生產相關的活動中」[32]。可見，「性別」的意義不僅僅是區別男人與女人的自然屬性，還代表著一種特定的政治關係。美國歷史學家瓊・W. 斯科特認為，「性別是組成以性別差異為基礎的社會關係的成分，性別是區分權利關係的基本方式」[33]。凱特・米利特將兩性之間的支配與從屬關係稱之為「性別政治」，指出性別之間的關係是牽涉控制、壓迫與剝削的社會關係。性別之間的衝突較之民族間和階級間的衝突更為悠久，兩性間的爭鬥、壓迫和反抗與人類實力伴隨始終，從未止息。在她看來，性的問題實質上是政治問題。[34]從西方社會關於性別政治的理論闡釋與政治制度的形成與演變過程來看，性別政治就是兩性與公共政治之間的關係問題。[35]考慮到本書研究對象所處的具體環境，筆者將性別政治概念的外延進行了適度擴展，使之包

---

30 參見〔加〕巴巴拉・阿內爾著，郭夏娟譯：《政治學與女性主義》（北京市：東方出版社，2005年），頁7。

31 同上書，頁9。

32 〔法〕皮埃爾・布林迪厄著，劉暉譯：《男性統治》（深圳市：海天出版社，2002年），頁134-135頁。

33 〔美〕瓊・W.斯科特著：〈性別：歷史分析中一個有效範疇〉，李銀河主編：《婦女：最漫長的革命》（北京市：生活・讀書・新知三聯書店，1998年），頁24。

34 參見〔美〕凱特・米利特著，宋文偉譯：《性政治》（南京市：江蘇人民出版社，2000年）。

35 參見李曉廣：《當代中國性別政治與制度公正》（南京市：南京大學出版社，2012年），頁21。

括了性別權利的組成部分，使研究視野更為開闊，對問題的探討與分
析更加全面。

二　理論視角

除前文簡要回顧過的人類學對性別政治與權利的相關研究旨趣及
萌生於 20 世紀 60 年代以後的女性主義外，本書的研究還受益於以下
學術思潮：馬克思主義理論的婦女研究與帕森斯的「社會行動觀」及
「社會系統論」。

（一）馬克思主義理論的婦女研究

在史提夫・傑克遜（Stevi Jackson）看來，馬克思主義通過分析
社會結構與體系對婦女受壓迫的經典性解釋成為女性主義者推崇的根
本原因之一，但後來的馬克思主義或社會主義女性主義者和極端女性
主義者在對待父權制的問題上爆發了激烈的論戰，因為女性主義者都
在力圖以各種方式擴大馬克思主義觀點的影響，對其進行不斷修正與
重述。這些研究主要從生產關係、再生產和意識形態等不同維度展
開。儘管在此之後，不少馬克思主義和社會主義女性主義者紛紛遠離
唯物論的分析轉而求諸後結構主義和後現代的視角，但馬克思主義對
婦女研究和女性主義的重要影響仍然從 20 世紀 70 年代一直持續到
90 年代。他同時指出，如果人們想要思考人群、民族、國家相互交
織的後殖民世界的複雜性，那麼唯物論的方法有充分的理由被認為仍
然是不可或缺的。[36]

---

36 參見〔法〕史提夫・傑克遜著，龐培培譯：〈馬克思主義與女性主義〉，〔法〕雅
　　克・比岱、〔法〕厄斯塔什・庫維拉基斯主編，許國豔等譯：《當代馬克思辭典》
　　（上海市：社會科學文獻出版社，2011年），頁299-333。

　　為客觀全面地分析女性所處的家庭與社會地位，以及從中所表現出來的性別權利與地位，本書的研究堅持以特定社會中的生產關係為出發點，分析男女兩性的經濟狀況，同時將研究視角拓展到社會再生產領域，對於 20 世紀 70 年代以後女性主義者對語言、話語、表象和象徵等研究傾向亦有所涉及。

（二）帕森斯的「社會行動觀」及「社會系統論」

　　布萊德利（Bradley）和柯爾（Khor）在對西方研究婦女地位與權利的相關文獻進行回顧之後發現，儘管社會科學研究在這一領域已經取得了豐碩的成果，但在理論探討和研究方法上仍然存在三大不足：一是缺乏概念的理論化；二是缺乏將概念、指標以及恰當的統計方法加以整合的系統性研究，以至於無法判斷結果的對錯；三是忽略女性的處境與感受，以至於研究框架的設定適合於男性而並非作為研究對象的女性。[37]

　　受此啟發，回顧以往對性別權利與政治問題的研究，筆者發現其中大多存在著兩種不同的傾向，要麼偏重男性，要麼僅從婦女的角度分析問題。假如將觀察與思考的視野進行拓展，則可以發現兩性角色與權利的交織正是這種家庭結構內部的突出特徵。這讓筆者意識到，如果僅從其中一個視角進行透視，那麼勢必將導致以偏概全，只有將兩者恰當地結合起來，才有可能為正確理解其中的性別權利與地位問題奠定基礎。因為男女兩性是構成社會與家庭的基本群體，忽略其中的任何一方都可能導致在理解之路上誤入歧途。因此，分析婦女的角色與地位問題，首先必須對相關理論進行剖析與甄別。婦女首先是存

---

37 參見Karen Bradley and Diana Khor. "Toward an Integration of Theory and Research on the Status of Women". *Gender & Society*, 1993, 7(3):347-348.

在於社會中的個人，其角色與地位問題的實質根源於個人在社會中的行為。婦女是自身行為的主體，是其角色的積極構建者與實踐者。從這個視角出發，帕森斯的結構功能主義中所提出的「社會行動觀」及「社會系統論」對理解上述兩個核心概念提供了極為有益的理論基礎與借鑒意義。

帕森斯把社會看作具有不同基本功能的多層面的次系統所形成的一個總系統，又把個人行動放置在這個社會系統的不同領域中去分析，將地位和角色作為社會系統分析的基本單位。「系統」概念首先是作為單位行動者之間的互動結構，即行動體系的概念提出的。個人與他人（社會）結合的機制是角色與地位，並且這種結合能夠把個別行動單位整合到一個社會行動的體系中。這一系統概念強調社會秩序的自我維持與均衡，突出系統各部分之間的關係分析。

帕森斯又以韋伯的社會行動觀為基礎提出了「單位行動」概念，其中包括行動者、目標、情景及規範和價值 4 種要素。行動者選擇達到目標的方法，而該種選擇會受到行動者所處的情景條件以及規範和價值的影響與制約。在行動觀的基礎上，帕森斯提出了後來的結構功能理論——AGIL 架構，即適應（adaptation）、目標達成（goal attainment）、整合（integration）及潛在功能（latency），並據此推廣出社會行動系統。在他看來，社會行動是由行為有機體、人格、社會和文化 4 個子系統組成的整體。這 4 個子系統都有自己的維持和生存邊界，但又相互依存、相互作用，共同形成控制論意義上的層次控制系統。[38]

行動者之間的相互關係組成了社會系統的基本結構。社會系統中的行動者通過其社會身份與社會發生聯繫，而一種身份就是社會中的一種地位，角色則是與這種地位相應的規範行為。角色具有相互性，

---

38 參見陸學藝：《歷史上最具影響力的社會學名著20種》（上海市：陝西人民出版社，2007年），頁124-125。

角色之間相互期待，由此而形成社會的角色結構。[39]地位與角色是社
會體系中「結構」的組成部分。「地位」為行動者所處的結構位置；
「角色」表達社會對這一位置的行為期望，它是社會與個人聯繫的中
介，又是眾人分享的象徵。[40]此外，自從莫克帕德耶（Mukhopadhyay）
和希金斯（Higgins）指出了文化差異對於性別地位研究的重要性之
後，社會文化對個體所產生的影響也被納入這一領域的研究因素之
中。[41]

　　儘管帕森斯的理論有追求宏觀層面的趨向，但他把個人行動放在
社會系統的不同領域中去分析的理念，開啟了從微觀的角度考察宏觀
社會系統及其次系統同個別行動者互動的新思維。[42]依照他的理論表
述及分析模式，結合本研究的研究對象進行演化和推廣，筆者發現，
女性個體存在於當地的文化系統、社會系統、人格系統和行為有機體
系統 4 個子系統共同組成的社會行動系統中，各個子系統中存在著不
同的自變因素，這些引數相互作用，共同構成子系統的存在和發展狀
況，各子系統之間又存在層級遞進和遞減的能量供給與調節控制功
能。它們之間併存互動、循環往復，共同建構了當地女性生存的時空
領域，當地社會的「行動系統」正是通過其成員的角色、地位和權利
關係結合而成的。也就是說，通過分析當地社會的「行動系統」，便

---

39 參見〔美〕魯絲‧華萊士、〔英〕愛麗森‧沃爾夫著，劉少傑等譯：《當代社會學理
　 論：對古典理論的擴展》（第六版）（北京市：中國人民大學出版社，2008年），頁
　 22-23。

40 參見周怡：《解讀社會──文化與結構的路徑》，（上海市：社會科學文獻出版社，
　 2004年），頁7。

41 參見Carol C. Mukhopadhyay and Patricia J. Higgins. "Anthropological Studies of
　 Womens Status Revisited:1977-1987". *Annual Review of Anthropology*, 1988 (17):461-
　 495.

42 參見周怡：《解讀社會──文化與結構的路徑》，（上海市：社會科學文獻出版社，
　 2004年），頁10。

可以系統地知曉其社會成員的角色與地位關係狀況。

　　對於社會中的個體來說，個人社會化的必然途徑是濡化與教化，通過將本土文化內化到個體特質中，以此獲取扮演婚配角色所必需的技能；同時，宏觀社會體系側重對社會成員的外在塑造，利用學習的主導價值使個體產生符合角色期待的行動，個體行動隨即被引導，形成一種社會塑造的性別模式。遵循這種研究思路，借鑒帕森斯的行動理論模式，本書結合研究實際對之進行調適與推廣，作為研究思路與框架構建的指導。

三　研究路徑與方法

（一）田野調查

　　作為人類學的經典研究方法，田野調查是人類學研究必不可少的組成部分。在女性研究領域中，這種方法的運用還有 3 個重要的目的：一是紀實性地描述婦女的生活和勞動，二是從這些婦女自身的角度來理解她們，三是在社會背景中認識婦女。[43]筆者運用田野調查參與觀察的方法，親自見證了當地女性的真實生活場景，真實地記錄了她們的切身感受與體會，獲取了第一手資料。

（二）開放式訪談

　　對於女性研究而言，開放式訪談可以給予訪問者和被訪者最大的發揮空間。對於口述資料，薩莉・庫珀・科爾曾在其著作《培亞的女人：一個葡萄牙沿海社區的工作與生活》中疾呼，應當把報導人的

---

43 參見劉霓：《西方女性學：起源、內涵與發展》（上海市：社會科學文獻出版社，2001年），頁66-67。

「生活史」看作他們的人生「故事」；在她看來，「歷史」這一概念隱含著某種一致或均質的特性，這種特性與那些報導人所傳遞的解釋不相吻合。在尤林看來，儘管薩莉的看法有失偏頗，但她有選擇地凸顯報導人的故事中那些不完整的部分，這種做法是值得稱道的。[44]因此，開放式訪談讓訪談對象自我講述的方式對婦女研究尤其有益，「因為以這種方式去瞭解婦女可以矯正幾個世紀以來對婦女的種種想法的完全忽視，或一向讓男人作為婦女代言人的做法」[45]。此外，開放式訪談可以為研究提供很多非標準的信息。運用這種方法，筆者獲得了大量女性的訪談記錄、口述史與個案，為凸顯本研究的「真實私人生活」特點奠定了基礎。

（三）整體觀

作為一個不斷變動的複雜體系，筆者認為婦女的角色與地位問題是一個需要探查、分析和理解的系統，更是一種可以折射當地社會歷史與發展全景的鏡象。因此，在研究中需要時刻把握文化的整體觀，將各種文化要素進行聯繫與綜合。為貫徹這一人類學的重要研究方法，筆者查閱了大量的歷史文獻與資料，涉及當地的歷史文化、宗教信仰、經濟社會發展、婚姻家庭與人口變動等諸多領域，為全面分析和理解研究對象構成必要前提。

（四）跨文化研究

儘管人類學比其它學科更歡迎婦女方面的研究課題，但令人遺憾

---

44 參見〔美〕羅伯特・C.尤林著，何國強、魏樂平譯：《陳年老窖：法國西南葡萄酒業合作社的民族志》（昆明市：雲南大學出版社，2012年），頁205-206。

45 Reinharz Shulamit著，朱源譯：〈女性主義訪談研究〉，孫中欣、張莉莉主編：《女性主義研究方法》（上海市：復旦大學出版社，2007年），頁77。

的是，在人類學中也一直存在著男性偏見。為克服以男性為導向的跨文化材料的誤導，就需要在不同的社會中研究多元的女性族群。因此，一定要有更多的跨文化的實證調查來研究女性的生活經驗。[46]為更加準確、恰當地理解研究對象，筆者查閱了大量的文獻資料，掌握了一定數量的不同文化背景中的女性的生活狀況，並在研究中不斷地進行跨文化的類比和分析，為理解和解釋研究對象儲備了進行對比分析所需的必要基礎和素材。

（五）女性民族志研究

女性研究者直接參與到研究對象的社會生活中可以有效彌補以往傳統研究方法中的視角缺陷，並且可以不斷反思社會性別作為社會生活的一個基本特徵的重要意義，加深對以往研究中被忽略不計的有關婦女的社會現實狀況的認識。[47]許多訓練有素的男性人類學家都曾發現過性別因素給民族的研究帶來的挑戰，並遺憾在自己的研究經歷中未能與女人類學工作者共事，因為女性能夠幫助其發掘那些以往從來沒有留意過的東西。[48]因此，筆者作為女性，不僅在很多方面對研究對象的生活與切身感受有相似的體驗，同時還為本研究的實施、文本的構建與書寫提供了獨特的女性視角，彌補以往研究中對女性群體關注的不足。

---

46 參見Reinharz Shulamit著，朱源譯：〈女性主義訪談研究〉，孫中欣、張莉莉主編《女性主義研究方法》（上海市：復旦大學出版社，2007年），頁378-392。

47 參見Reinharz Shulamit著，朱源譯：〈女性主義訪談研究〉，孫中欣、張莉莉主編《女性主義研究方法》（上海市：復旦大學出版社，2007年），頁322-329。

48 參見〔美〕羅伯特‧C.尤林著，何國強、魏樂平譯：《陳年老窖：法國西南葡萄酒業合作社的民族志》（昆明市：雲南大學出版社，2012年），頁7。

第一章
多重獨特性併存的三江併流峽谷

　　三江併流峽谷地區位於青藏高原東南緣、橫斷山脈腹地，這片區域既是青藏高原的重要組成部分，同時又是一個相對特殊的地理單元。就其地貌而言，橫斷山區是地球上海拔最高、面積最大、地形最為複雜的地區。因其山嶺褶皺緊密，斷層成束髮育，而且大起大伏，故此山勢、水力、氣候、植被均變化巨大[1]，蘊含著三江併流峽谷地區最有價值的自然科學和社會科學寶貴資源。地質構造性隆起引起的海拔和氣候的差異形成了三江併流峽谷地區地理景觀和生態環境的多樣性，導致動植物的多樣性、民族的多樣性、文化的多樣性貫穿整個區域。[2]

第一節　高山峽谷與垂直立體的地理氣候環境

　　金沙江、瀾滄江、怒江 3 條世界大河在近千公里的範圍內並行向南奔流，其最窄處直線距離僅 16,000 公尺，而它們的河口卻分別注入太平洋的東海、南海和印度洋的安達曼海，東西相距 3,000 公里之遙，實為世所罕見的地理奇觀。上述 3 條大河的源頭都在青藏高原

1　參見格勒、海帆：《康巴：拉薩人眼中的荒涼邊地》（北京市：生活‧讀書‧新知三聯書店，2005年），頁21-22頁。

2　參見吉學平：〈雲南三江併流地區史前多元文化概貌〉，李鋼、李志農主編：《歷史源流與民族文化──三江併流地區考古暨民族關係研究學術研討會論文集》（昆明市：雲南大學出版社2011年），頁104。

上，因切割很小而蜿蜒曲折。當其流入橫斷山區後，河流的切割愈來愈深，在滇西北段河流切割深度普遍達到 2,000 至 4,000 公尺，形成了該地區最具特徵的高山深谷地貌。

一　三江併流峽谷的地理地貌特徵

「三江併流」這一概念大約產生於 20 世紀 80 年代，聯合國教科文組織的一位官員偶然在一張衛星遙感地圖上驚異地發現，在位於東經 98° 100°30’、北緯 25°30’-29°的地區有 3 條大江在併流奔騰，這就是青藏高原東南緣橫斷山脈之間的金沙江、瀾滄江和怒江，其流域亦即本書所研究的三江併流峽谷地區。2003 年 7 月 2 日，聯合國教科文組織第 27 屆世界遺產大會以「三江併流」滿足世界自然遺產的全部 4 條標準，將其列入《世界遺產名錄》。[3]

橫斷山脈是中國特有的山脈系統，由青藏高原南緣的色隆拉嶺山脈、伯舒拉嶺山脈、他念他翁山脈、芒康山脈等組成。橫斷山區所涉及的範圍包括西起昌都、察隅，東至邛崍山、大涼山，北從北緯 32°的德格、壤塘、刷經寺起，南至北緯 26°附近的大理、攀枝花一線，總面積近 40 萬平方公里。[4]其間山嶽縱橫，峽谷激流遍佈全境，除金沙江、瀾滄江和怒江 3 條大江及無量河、雅礱江、安寧河等主要河流外，還分佈有波隆藏布、易貢藏布、波堆藏布等河流和易貢錯、安錯等眾多湖泊。這些江河水流湍急，雖然沒有氾濫之患，但亦無舟楫往來之利。區域內高山雪峰橫亙，南北縱橫的江河之間從西往東高聳著

3　參見雲南省三江併流管理局：〈世界自然遺產地──「三江併流」的概況及其保護工作的進展〉，《中國園林》2010年第5期。

4　參見中國科學院青藏高原綜合科學考察隊：《橫斷山考察專集》（一）（昆明市：雲南人民出版社，1983年），頁96。

高黎貢山、碧羅雪山、梅裏雪山、白茫雪山、哈巴雪山、玉龍雪山等雪山群，地理海拔高度呈垂直分佈，從 760 公尺的怒江干熱河谷到 6,740 公尺的卡瓦格博峰，彙集了高山峽谷、雪峰冰川、高原濕地、森林草甸、淡水湖泊、稀有動物、珍貴植物等奇觀異景。

　　由於印度洋板塊和歐亞大陸板塊碰撞導致晚中新世至全新世青藏高原的隆升，地理地貌的巨大分異和氣候季節性的不斷增強，與之相應形成的幾條平行的深切河谷（即併流奔騰的怒江、瀾滄江和金沙江）產生了陡峭而相對獨立的地貌單元。三江併流峽谷一帶的垂直地理分佈特徵異常顯著，由於交通不便和人口稀少等原因，森林覆蓋率較高。在 20 世紀三四十年代，白玉、道孚等地的森林覆蓋率為 40%，定鄉為 50%，稻城一帶甚至超過 60%。[5]

二　三江併流峽谷的氣候與物種多樣性

　　三江併流峽谷地理條件複雜，地形地貌多樣，「大抵一縣之中，附近河谷平原之地氣候最為溫暖，有時較內地尤熱；低山部分溫和；高山則漸涼爽，至達四千七八百公尺以上之山嶺，則百物不生，人跡罕至，雪海冰川而已」[6]。高山與深谷並列，形成了以高寒為主、多種氣候併存的垂直性立體氣候特徵。可謂是「一山分四季，十里不同天」，從河谷到山頂形成迥然相異的氣候特徵。高原地區寒冷乾燥，降雨稀少；南北響之河谷及山之南坡較暖，東西響之河谷及山之北坡較冷。氣溫日變化劇烈，偏北地區表現得尤為劇烈。[7]

5　參見張保見：《民國時期青藏高原經濟地理研究》（成都市：四川大學出版社，2011年），頁115。

6　楊仲華：《西康紀要》（上海市：商務印書館，1935年），頁77。

7　參見任乃強：《西康圖經・地文篇》（新亞細亞學會，1935），頁122。

　　三江併流峽谷不僅是世界上蘊藏最豐富的地質地貌博物館，還被譽為「世界生物基因庫」。由於三江併流地區未受到第四紀冰期陸冰川的覆蓋，加之區域內山脈為南北走向，因此這裏成為歐亞大陸生物物種南來北往的主要通道和避難所，是歐亞大陸生物群落最富集的地區。從整體上而言，三江併流峽谷的大部分地區屬於高原氣候，但由於地形上的差別，各地的氣候類型不盡相同。其主要包括以下幾種類型：

　　（1）溫暖半乾燥區，主要指海拔 3,200 公尺以下的河谷地區，南方的潮熱空氣容易沿著河谷上溯到這類地區。由於降水量少、蒸發量大，因此形成較為乾旱的氣候。例如，金沙江、瀾滄江和怒江的河谷都具有這類氣候特徵。

　　（2）溫暖半潮濕區，大致是海拔 3,200 至 3,600 公尺的河谷坡地，氣溫比溫暖半乾燥區稍低。特點是雨水少、露水多，又因高處流水經常隨坡淌下，因此較為潮濕。

　　（3）清涼潮濕區，為海拔 3,600 至 4,100 公尺的河谷坡地，由於降水量多、海拔高，因此能將暖氣流中的水分凝結成雨雪下降，氣候寒冷、蒸發量較少，地面較為潮濕。

　　（4）寒冷潮濕區，為海拔 4,100 公尺以上的山頂地區。降水量少，氣候寒冷，成為積雪和冰凍狀態。

　　（5）寒冷半乾燥區，為海拔 4,000 公尺左右的草原，通常是河流的上源。由於地形限制，不能使氣流持續上陞形成雨雪，因此氣候較為乾燥。

　　隨著海拔的升高和氣候的變化，各種不同的氣候分佈帶和生態環境形成，熱帶、亞熱帶常綠森林減少，依賴這種環境資源的大量物種急劇減少。動植物為不斷適應這種變化而加速進化和分化，各種「多樣性」也由此產生。青藏高原的隆升形成了東西動物群交流的屏障，

使得曾經廣泛分佈在印度與巴基斯坦的西瓦古猿、中國的祿豐古猿、泰國的柯拉特古猿等大型猿類以及池猿、兔猴等小型靈長類動物大量滅絕，隨之猩猩、金絲猴、長臂猿等新物種開始在這一區域出現，還可能導致出現直立行走的早期人類和其它大型動物，如劍齒象起源於東亞南部（如中國雲南、緬甸、泰國等地）。[8]

　　三江併流地區面積占中國國土面積不到 0.4%，但擁有全國 20% 以上的高等植物，包括 200 餘科、1,200 餘屬、6,000 種以上。目前區內有哺乳動物 173 種、鳥類 417 種、爬行類 59 種、兩栖類 36 種、淡水魚 76 種，這些動物種數達中國總種數的 25% 以上。同時，三江併流地區也是歐亞大陸生物群落最豐富的地區，有 10 個植被型、23 個植被亞型、90 餘個群係，擁有北半球除沙漠和海洋外的所有生物群落類型，幾乎是北半球生物生態環境的縮影。[9]如果說第三紀動物群以東西向交流為主、南北交流為輔（劍齒象動物群廣泛分佈在南亞和東南亞地區），那麼第四紀以來特別是人類出現以來南北向交流則日趨明顯，這種格局一直持續到今天，貫穿整個人類歷史。三江併流地區的巨大山脈成為動物群地理隔離的屏障，新的土著物種不斷產生，生物多樣性不斷豐富。由此形成的深切河谷則是人類遷移和文化傳播的重要通道。[10]

8　參見吉學平：〈雲南三江併流地區史前多元文化概貌〉，李鋼、李志農主編：《歷史源流與民族文化──三江併流地區考古暨民族關係研究學術研討會論文集》（昆明市：雲南大學出版社，2011年），頁102。

9　參見雲南省三江併流管理局：〈世界自然遺產地──「三江併流」的概況及其保護工作的進展〉，《中國園林》2010年第5期。

10　參見吉學平：〈雲南三江併流地區史前多元文化概貌〉，李鋼、李志農主編：《歷史源流與民族文化──三江併流地區考古暨民族關係研究學術研討會論文集》（昆明市：雲南大學出版社，2011年），頁103。

第二節　往來交融的族群及其社會文化

　　三江併流峽谷地處內地中原文化、南亞文化、東南亞文化、青藏高原文化的邊緣地帶，地理位置偏僻、區域內山高穀深的地理特徵造成的交通不便、信息閉塞等因素，使得當地的各族群保存了各自獨特的文化特徵，並在不斷的遷徙融合中發展出併存共生的文化特質。

一　三江併流峽谷的史前文化遺存與族群關係

　　三江併流峽谷地區位於青藏高原的東南緣。考古學研究發現，在這片區域內以滇西北為中心的考古文化與周邊的考古文化存在聯繫。同時，在這一地區還發現了考古學上 3 個時代的文化遺跡：麗江人及其文化遺物和在香格里拉縣大小中甸草原西部發現的文化遺存屬於舊石器時代；分佈於維西、寧蒗和香格里拉等地的文化遺跡和金沙江兩岸大量發現的古代崖畫屬於新石器時代；金屬時代的文化遺存更為豐富，包括廣泛分佈於川西康藏至滇西北的石棺葬等文化遺物。這些文化遺跡的發現對於研究當地的族源和民族關係等問題均具有重要意義。[11]

　　此外，藏北色林錯莫斯特石器、麗江人頭骨枕部的隆起及其石球、麗江萬人洞發現的盤狀刮削器等器物都表明，金沙江地區在舊石器時代晚期的文化交流是以南北向為主的，人類順著金沙江等河谷的遷移與華北和歐亞大陸北部進行著文化交流和基因交流，並傳播到長江以南的珠江流域及其東南沿海。如果說金沙江流域的外來文化是以

---

11 參見馮智〈民族走廊與三江考古〉，李鋼、李志農主編：《歷史源流與民族文化──三江併流地區考古暨民族關係研究學術研討會論文集》（昆明市：雲南大學出版社，2011年），頁35。

莫斯特文化為主，那麼瀾滄江流域和怒江流域的舊石器文化則與緬甸、泰國、越南和柬埔寨等國家的文化乃至和平文化都有著密切的聯繫，其特徵與金沙江流域截然不同，顯示出這一地區不同人群的活動特徵。可見，舊石器時代的三江併流地區即顯示出多元文化交流的特點。[12]位於昌都地區的卡若則是西藏境內發掘的面積較大、保存較好、文化堆積豐厚、內涵豐富的新石器時代遺址，被公認為西藏三大原始文化之一。[13]此外，對卡若文化堆積層的考古學分析也發現了其與黃河中上游地區和雲南元謀大墩子原始文化之間存在的淵源關係。[14]

　　豐富的考古學資料為進一步研究三江併流峽谷的社會文化奠定了必要基礎，顯示出西藏地區的原始文明與中原文化系統黃河上游、甘青氐羌文化和北方草原游牧文化之間均存在著悠久的歷史聯繫。[15]其中，滇藏之間的文化聯繫始於石器時代，後來形成的滇藏茶馬古道即是這種聯繫的延續與發展；此外，由於西南絲綢之路有分道進入三江流域，從新石器時代之後，蜀文化和滇文化也得以廣泛傳入三江併流峽谷地區。因此可以說，三江併流峽谷地區的原始居民在族源和構成上的多元化造就了這一區域文化特徵的多元屬性。

---

12 參見吉學平〈雲南三江併流地區史前多元文化概貌〉，李鋼、李志農主編：《歷史源流與民族文化——三江併流地區考古暨民族關係研究學術研討會論文集》（昆明市：雲南大學出版社，2011年），頁103。

13 參見西藏自治區文物管理委員會、四川大學歷史系：《昌都卡若》（北京市：文物出版社，1985年），頁41-48。

14 參見土呷：《昌都歷史文化的特點及其成因》，《中國藏學》2006年第1期。

15 參見馮智：〈民族走廊與三江考古〉，李鋼、李志農主編：《歷史源流與民族文化——三江併流地區考古暨民族關係研究學術研討會論文集》（昆明市：雲南大學出版社，2011年），頁5。

二　青銅時代以來三江併流峽谷的族群分佈、遷徙與融合

　　考古遺存反映出三江併流地區的青銅時代文化以石棺墓為主要特點，個別地點伴有土坑墓，出土遺物以曲柄銅劍、無格銅劍、長方孔首銅劍、鷹和鹿杖頭、短柄銅鏡、銀飾和雙耳漩渦紋罐、三耳罐等為代表。[16]因此，有學者將這一地區的青銅文化稱為「三江地區類型」青銅文化[17]，也稱為「怒江、瀾滄江、金沙江上游青銅文化」[18]。通過對西藏古代墓葬的研究，霍巍發現，「西藏的東部地區，從史前時代一直到早期部落時期看來，都一直與西北地方的考古文化有著十分密切的聯繫；同時，可能也與川西—滇西北高原的考古文化之間有一定的關係」[19]。

　　從社會發展的視角看，青銅時代以來，中國西南各地社會已陸續進入君長國階段，至戰國秦漢時期，已是君長林立。關於漢武帝設益州郡之前三江併流地區的族群分佈情況，史書中並無詳細記載，說明當時此地並未被納入中央政權的治域。司馬遷在《史記・西南夷列傳》前段中說：

> 西南夷君長以什數，夜狼最大；其西靡莫之屬以什數，滇最大；自滇以北君長以什數，邛都最大⋯⋯；其外，西自同師以

---

16 參見蕭明華：〈三江併流地區的石墓與西南夷之白狼人〉，見李鋼、李志農主編：《歷史源流與民族文化——三江併流地區考古暨民族關係研究學術研討會論文集》（昆明市：雲南大學出版社，2011年），頁44。

17 參見李昆聲、張增祺：《雲南青銅文化之初探》，雲南省博物館編：《雲南青銅文化論集》（昆明市：雲南人民出版社，1991年）。

18 王大道：〈雲南青銅文化的五個類型及與班清、東山文化的關係〉，《雲南文物》1988年第24期。

19 霍巍：《西藏古代墓葬制度史》（成都市：四川人民出版社1995年），頁303。

東，北至楪榆，名為嶲、昆明……；自嶲以東北，君長以什數，徙、筰都最大；……皆氐類也，此皆巴蜀西南外蠻夷也。[20]

司馬遷在這段敘述中列舉的部落和族群涉及今天的四川西南、雲南和貴州境內，包括了三江併流地區的大部分地域，大概反映了秦漢時期這一區域族群分佈的概貌。我們從中可知曉，分佈在今天四川西昌市的邛都部落，圍繞在邛都周圍的眾多小部落分散在今天的四川省涼山州境內；嶲和昆明部落分佈在今天的雲南保山市東北至大理州境內；徙、筰都部落則在今天的四川雅安地區一帶。[21]

從目前西南地區的考古發掘資料與相關研究成果來看，司馬遷所描述的西南夷的地理位置、文化習俗、經濟等方面的信息大致符合秦漢時期中國西南地區夷人的社會發展狀況。其經濟生計模式可初步分為 4 個大的系統：一為以滇、夜狼、邛都等以農耕為主的南夷族群，主要分佈於雲貴高原中部的滇池區域、雲貴交界的滇東黔西地區、川西南的安寧河流域；二為分佈於滇西和滇西北地方以游牧為主的昆明、嶲等族群；三為主要分佈於川西北和川西南地區的以半農半牧為主要經濟形態的白馬、冉、徙等族群；四為主要分佈於滇東南、貴州西南部和廣西西北部的以農業為主、漁獵業發達，屬於百越系統的句町、漏臥、且蘭等族群。生活在滇西和滇西北地方的昆明、嶲等族群主要過著逐水草而居的生活，游牧經濟成為其主要經濟形態，由於缺乏相對固定的居住場所、流動性較強，因而很難在一個遼闊的區域內形成一個較大的區域中心，族群之間的聯繫較為分散。[22]

---

20 〔西漢〕司馬遷：《史記·西南夷列傳》，參見方國瑜主編：《雲南史料叢刊》（第一卷）（昆明市：雲南大學出版社，1998年），頁4。

21 參見尤中：《雲南民族史》（昆明市：雲南大學出版社，1994年），頁18-19。

22 參見周志清：〈行走在三江上游地區的石棺——淺議三江上游地區秦漢時期的族

　　司馬遷在《史記》中將「西南夷」中所有部落的族系歸為「皆氐
羌類」，事實上可能並非如此。[23]由於西南地區古代族群分佈呈現出犬
牙交錯的形態，因此在探討該地區古代居民的族群譜繫時就需要一個
宏大歷史性界說的理念，應從大的區域環境和歷史發展進程來進行族
群譜系的討論，而不該糾纏於某些特定的「民族」標準。按照這一思
路，西南夷中從族系上屬於氐羌文化系統的應該包括昆明、嶲、徙、
白馬、冉等部落。[24]主要族群包括僰族、昆明族、叟族和摩沙族等。[25]

　　秦漢之際，邛都地區（今四川省涼山州和雲南永仁、大姚、永
勝、麗江等地）的一些部落已經逐漸以農業生產為主，畜牧業退居次
要的地位；一些部落還是農業與畜牧業兼營。農業和畜牧業的發展所
提供的多餘產品使得邛都與巴、蜀之間的商品交換開始出現，與內地
朝廷的聯繫也日漸密切。而滇西部的嶲、昆明等部落仍以游牧為主，
由於生產發展的相對落後，它們中間還不可能出現較大的部落，各部
落也還沒有結成一個共同的聯盟體。[26]

　　隋唐時期，三江地區的「麼些」已經從「烏蠻」中逐步分化出
來，有了相對獨立的聚居地。[27]《蠻書》中說：「磨些蠻，……鐵橋
（今麗江北部塔城附近）上下及大婆、小婆、三探覽、昆池（今四川
鹽源）等川，皆其所居之地也。土多牛羊，一家即有羊群。終身不洗

　　群〉，李鋼、李志農主編：《歷史源流與民族文化──三江併流地區考古暨民族關係
　　研究學術研討會論文集》，（昆明市：雲南大學出版社，2011年），頁52。

23　參見尤中：《雲南民族史》（昆明市：雲南大學出版社，1994年），頁19。

24　參見周志清：〈行走在三江上游地區的石棺──淺議三江上游地區秦漢時期的族
　　群〉，李鋼、李志農主編：《歷史源流與民族文化──三江併流地區考古暨民族關係
　　研究學術研討會論文集》，（昆明市：雲南大學出版社，2011年），頁53。

25　參見尤中：《雲南民族史》（昆明市：雲南大學出版社，1994年），頁19-29。

26　同上書，頁35-43。

27　同上書，頁119。

手面，男女皆批羊皮，俗好飲酒歌舞。」[28]南詔勢力崛起之後，納西族先民麼些蠻所建立的越析詔被擊敗，部落主體從洱海東部的賓川地區向北遷徙到金沙江流域，向東遷徙到寧蒗、永勝乃至四川南部，向西遷徙到永昌地區，向南遷徙到昆川及西爨故地，民族人口不斷被分解。[29]同時，由於吐蕃勢力向東南方向的延伸和神川都督府的建立，藏族人口開始大量進入滇西北地方。隨著吐蕃、南詔和唐朝在鐵橋上下地區的屢屢用兵，三江併流峽谷成為南詔與吐蕃之間的分界或緩衝地帶，雙方在這一區域的爭奪和衝突持續不斷。

　　由於這一區域原為吐蕃的勢力範圍，後為南詔所踞，但吐蕃在這裏經營多年，其勢力可謂根深蒂固。為了便於邊界的控制並打消吐蕃捲土重來的可能，南詔在這裏實行了「堅壁清野」的政策，將居住在大江兩岸的施蠻、順蠻、磨些蠻等部落遠遷他鄉。《史書》記載「磨些蠻……鐵橋上下及大婆、小婆、三探覽、昆明等川，皆其所居之地也……南詔既襲破鐵橋及昆明等諸城，凡虜獲萬戶，盡分隸昆川左右及西爨故地」[30]。金沙江兩岸諸蠻部落的上層人士多被遷至白崖、蒙舍等洱海壩子附近的周邊區域實施軟禁監管，其部落民眾則多被遷至西爨故地雲南東北諸川的柘東地區，金沙江石鼓以上的河谷兩岸幾乎因此成為「半為散地」的荒涼無人區。[31]

28　〔唐〕樊綽：《雲南志・六詔》，參見方國瑜主編：《雲南史料叢刊》（第二卷）（昆明市：雲南大學出版社，1998年），頁38。

29　參見高志英：《藏彝走廊西部邊緣民族關係與民族文化變遷研究》（北京市：民族出版社，2009年），頁21-27。

30　轉引自趙呂甫：《雲南志校釋》（北京市：中國社會科學出版社，1985年），頁138-139。

31　參見何金龍：〈三江併流區域河谷兩岸少見南詔、大理文化遺存的思考〉，李鋼、李志農主編《歷史源流與民族文化——三江併流地區考古暨民族關係研究學術研討會論文集》（昆明市：雲南大學出版社，2011年），頁59-60。

元代忽必烈揮兵南下，征服了大理國，通過設置萬戶府和千戶、百戶所，繼而建立雲南行省，並廣泛開展軍、民屯田，設置驛傳，活躍商業交換，建立學校、提倡儒學等政治、經濟和文化措施，促使西南地區的民族發展較之大理國時期發生了不同程度的變化。[32]在這一時期，麼些（納西族）的分佈區域與南詔、大理國時期基本相同，主要聚居在麗江路（今麗江）所屬各府、州、縣境內，柏興府（今四川鹽源）、鶴慶路也有一部分散居。他們善於冶鐵和鑄劍，使用鐵製生產工具，但農業生產還未得到充分發展，其糧食中蔓菁仍占半數以上，畜牧業生產相對發達，各個家庭都擁有數量不等的牛、馬、羊群。[33]隋唐之際即遷入此地的吐蕃（藏族）與麼些（納西族）「參錯而居」。怒族在元代地理志《元混方輿勝覽》中也有了較為明確的記載：「潞江俗名怒江，出潞蠻。」因「潞」與「怒」雲南方言古今同音，因此，這個民族被後人認為是怒族。而居住在獨龍江上游成為「俅江」流域的「撬」族（俅人、獨龍族），由於一直處於封閉的狀態中，不為外界所知，直至元代才在極為偶然的情況下被發現。對於這種進入史冊的新族群，方國瑜先生考證道：「又撬之族名少見，字書『撬』讀牽麼切，與求讀奇麼切，二字讀音相近，則撬即求江之居民，為今之獨龍族。」[34]然而，在元代，除了這個族群的名稱之外，人們對其具體情況仍然知之甚少，僅能知曉與他們有所接觸的只是同區域內的少部分吐蕃（藏族）人。[35]到了元代，盧蠻、撬蠻、麼些蠻、吐蕃等族群共同繁衍生息於「藏彝走廊」西端，形成了今天這一

---

32 參見尤中：《雲南民族史》（昆明市：雲南大學出版社，1994年），頁268-294。

33 同上書，頁308。

34 方國瑜：《中國西南歷史地理考釋》（下冊）（北京市：中華書局，1987年），頁846。

35 參見尤中：《雲南民族史》（昆明市：雲南大學出版社，1994年），頁311-312。

區域民族分佈格局的雛形。[36]

自元初受封土司後，明代麗江木氏土司（麼些）勢力迅速崛起，以「世盡臣職」之心上貢、奉調、征戰，發動了與吐蕃之間曠日持久的戰爭，不斷北征西進。到明朝萬曆年間，今雲南迪慶州、四川甘孜州南部諸地和涼山州木裏縣的部分地區、西藏昌都地區芒康縣南部的廣大地區盡為其所有。[37]為鞏固統治，木氏以移民和屯兵的方式將麗江、鶴慶一帶的納西族遷徙到其勢力範圍所及的臨西（維西）、中甸（香格里拉）、阿墩子（德欽）和四川南部的得榮、巴塘、理塘一帶，這一舉措使納西族的分佈面積較元代有所擴大。成稿於清代的《維西見聞錄》中記載道：

> 萬曆間，麗江土知府木氏寖強，日率麼些兵攻吐蕃地，吐蕃建碉樓數百座以御之。維西之六村、喇普、其宗皆要害，拒守尤固，木氏以巨木作硾，曳以擊碉，碉悉崩，遂取各要害地，屠其民而徙麼些戍焉；自奔子欄以北，番人懼，皆降。於是維西及中甸，並現隸四川之巴塘、理塘，木氏皆有之，收其賦稅，而以內附上聞。[38]

納西族移民進入的這片區域是連接中國西南與西北民族地區的「藏彝走廊」的中轉區，同時也是通向緬甸、印度等東南亞、南亞國

---

36 參見高志英、徐俊：〈元明清「藏彝走廊」西端滇、藏、緬交界地帶民族關係發展研究〉，《甘肅社會科學》2008年第6期。

37 參見楊嘉銘、阿絨：〈明季麗江木氏土司統治勢力向藏區擴張始末及其納西族移民蹤跡概溯〉，中國人民政治協商會議甘孜藏族自治州委員會：《甘孜州文史資料》（第十八輯）（2000年），頁224。

38 〔清〕余慶遠：〈維西見聞錄〉，見于希賢、沙露茵選注：《雲南古代遊記選》（昆明市：雲南人民出版社，1988年），頁117-118。

家的門戶區域，具有十分重要的地緣政治區位條件。[39]在木氏土司勢力不斷開疆闢土、發展壯大的過程中，麗江一帶麼些族群社會的生產發展較為迅速。農業生產也比以前發達了不少，冶鐵技術的進步相當顯著，採礦業以開採銀礦為主。隨著儒家學校的建立，部分麼些人接受了漢族文化。[40]

明朝時期雲南境內的藏族被稱為「古宗」。他們的經濟文化生活狀況大概與當時聚居在今西藏境內的藏族相同，「食肉批氈，種植蔓菁、麥稗（青稞）」，雖然農業有了一定的發展，但畜牧業仍占重要地位。政治上則分別受麗江、鶴慶的土官或流官統治。[41]怒族則在明代首次見於史冊。《百夷傳》中記載：「怒人，頗類阿昌。蒲人、阿昌、哈剌、哈杜、怒人皆居山巔，種苦蕎為食，余則居平地或水邊也，而言語皆不相通。」[42]這裏記載的是與阿昌（景頗）雜居分佈在今緬甸克欽邦東北部與怒江州連接地帶的怒族。（天啟）《滇志》中說：「怒人，男子發用繩束，高七八寸，婦人結布於發。其俗大抵剛狠好殺。餘與麼些同。惟麗江有之。」[43]而俅人（獨龍族）的情況在明朝的記錄中已不復見，只能猜測其大約與元代相似。

清代，隨著朝廷對西南邊疆控制力度的逐漸增強，治域內民族矛盾叢生，木氏土司勢力日漸衰微，已無力控制滇西北。南下的青海蒙古和碩特部趁機聯合西藏的地方勢力，驅逐日漸衰微的木氏土司勢

39 參見周智生：〈明代納西族移民與滇藏川毗連區的經濟開發——兼析納藏民族間的包容共生發展機理〉，《思想戰線》2011年第6期。

40 參見尤中：《雲南民族史》（昆明市：雲南大學出版社，1994年），頁379-381。

41 參見尤中：《雲南民族史》（昆明市：雲南大學出版社，1994年），頁388-389。

42 〔明〕錢古訓：《百夷傳》，見方國瑜主編：《雲南史料叢刊》（第二卷）（昆明市：雲南大學出版社，1998年），頁365。

43 〔明〕劉文徵：《滇志》，參見方國瑜主編：《雲南史料叢刊》（第七卷）（昆明市：雲南大學出版社，2001年），頁80。

力，將迪慶藏族聚居區納入其統治範圍。在清廷統治的範圍內，其政治、經濟制度的實際內容及其所採取的各種政策措施基本上還是明朝的延續和發展，但也開始逐步改變原有莊田和軍屯的土地制度，並著力推進改土歸流政策。改土歸流之後，由於直接受流官的統治，主要聚居在麗江一帶的麼些人在經濟、文化方面更加趨向於漢族；在往北的維西及其附近地區，明朝之後遷居到此的麼些人在軍事頭人的統帥之下進行屯墾戍守，將麗江一帶的生產方式和社會結構模式帶到了這裏；居住在永勝、寧蒗、永寧一帶的麼些人的生產、生活相對落後，甚至有部分人一直從事流動性的畜牧業和農業生產，從事不完全定居的生產活動，接受鄰近土官的統治，另外一些則仍然處於國家政治體系的統治之外。[44]

　　雲南境內的藏族在清代仍被稱為「古宗」，分佈區域為麗江、鶴慶和景東三府。《維西見聞錄》中將其生活生產狀況描述為「力勤苦，善治生，甚靈慧，耕耘之暇，則行貨為商，所製鈜銀、鐵騎精工，雖華（漢族）亦不能為」[45]。此外，隨著木氏土司勢力的擴張，古宗群體內部也發生了明顯的變化，余慶遠的《維西見聞錄》中這樣記述道：

　　　古宗，即吐蕃舊民也。有二種，皆無姓氏，近城及其宗、喇普，明木氏屠未盡者，散處於麼些之間，謂之麼些古宗。奔子欄、阿墩子者，謂之臭古宗。語言雖同，習俗性情迥別。[46]

44　參見尤中：《雲南民族史》（昆明市：雲南大學出版社，1994年），頁535-537。
45　〔清〕余慶遠：《維西見聞錄》，于希賢、沙露茵選注：《雲南古代遊記選》（昆明市：雲南人民出版社，1988年）。
46　同上書，頁122-123。

　　透過這段精要的介紹，我們可以瞭解當時迪慶藏族群眾的三大特點：第一，他們是來自吐蕃的「舊民」；第二，他們是明代木氏土司北進迪慶的「屠殺未盡者」；第三，部分藏族群眾已經與當時被稱為「麼些」的納西族相互融合，成為「麼些古宗」，但距離西藏較近地區的藏族群眾仍然保留著相對傳統的生活方式。余慶遠的記述生動反映了元明時期吐蕃和麗江木氏土司在迪慶高原的激烈爭奪，同時也造就了當地大規模的族群往來與文化交融。

　　清代以後，怒族的分佈區域得到了進一步明確。道光年間《雲南通志稿》中說：「凡怒江以西，西北接西藏，西南界緬甸蒙養路等地，東與麗江府及大理府雲龍州毗鄰皆是。」[47]相對於明朝，怒族的農業和手工業生產都有所發展，農產品數量增多，除種植苦蕎之外，還增加了麥、薯、芋等品種，手工業產品有竹器、紅紋布和麻布等，但狩獵仍是其經濟生活中的重要組成部分。雍正年間，怒江地區正式歸屬麗江府管轄，怒族與麼些人之間的關係日漸密切，雙方開始頻繁往來開展貿易活動。

　　據道光年間成書的《雲南通志稿．人種志》載，當時俅人的主要分佈區域在麗江府西部瀾滄江大雪山外的俅江流域一帶，與怒族居住區域接壤。[48]而後逐漸集中到俅江下游西南的獨龍河流域地區，因此被稱為獨龍族。在這一時期，俅人當中的大部分人仍然靠「種黍稷，剜黃連為生」，農業生產技術水準低下，手工業生產僅能織造粗麻布，一部分俅人仍然「批樹葉為衣，無屋宇，居山崖中」。

　　光緒年間的《麗江府志稿．地理志》中記載：

　　　俅人男女皆批髮，徒面蒼黑，不知櫛沐，樹葉之大者為衣，耳

47　〔清道光〕《雲南通志稿》（刻本），雲南省圖書館藏。

48　〔清道光〕《雲南通志稿》（刻本），雲南省圖書館藏。

穿七孔，墜以木環，不通語言。與怒人接壤，畏怒人不敢越
境。接瀾滄江由維西而上，有呼為渠者，渠與俅殆音近向訛
也。同治夷子中甸有獵人逐鹿至一山下，瞰大江，人跡不至，
獲二人，偏身生毛，問其居里，言語不通，蓋亦俅人之類也
歟。[49]

　　元、明、清三朝在雲南建立的政權機構，因社會經濟基礎不同而
形式有異。大體來說，元初在滇池與洱海地區基本上是以地主私有制
為主的經濟形態，因此設置流官政權；其餘廣闊地區，因尚處於地主
私有制以前的社會經濟階段，而分設宣慰、宣撫以統率。明代初期，
仍按元制，任命土職世襲，在雲南內地設土官、在邊地設土司代替朝
廷行使管轄權。

三　清末民國以來三江併流峽谷的政屬變遷與族群分佈

　　如同其多樣的地形氣候與文化特徵一樣，三江併流峽谷的政屬變
遷歷史亦紛繁複雜。甘孜州南部的巴塘、理塘、得榮、雅江、鄉城、
稻城等 6 縣和西藏的昌都地區自唐代起就是吐蕃王國的一部分，明代
稱「朵甘思」，清代稱「康」（或「喀木」）。吐蕃王朝崩潰之後，這裏
一度成為部落眾多、多頭統治、政令不一、自主稱王的特殊區域。歷
代朝廷雖曾在此地設置過軍政機構，但其內部始終未能得到有效的統
一。政教合一的地方政權、土司統治的部落領地，以及所謂「無官無
法」、以父系血緣紐帶組成的「帕措」宗族等政治勢力仍然併存。[50]其

49　〔清光緒〕《麗江府志稿・地理志》，《麗江府志稿稿本》，雲南省圖書館藏。
50　參見土呷：〈昌都歷史文化的特點及其成因〉，《中國藏學》2006年第1期。

中，理塘、雅江、鄉城和稻城由理塘土司管轄，巴塘、得榮和昌都地區芒康縣的鹽井地區屬理塘土司治地[51]，三岩一帶因地勢險要、民風閉塞，既不從清廷又不服西藏，被視為「野番」之地[52]。在西藏工布江達以東的地區，清末曾擬設置西康省，後未果。各土司仍然各自為政，形成若干分散割據、互不隸屬、相互爭奪的政治勢力。

光緒三十一年（1905 年），清駐藏幫辦大臣鳳全在巴塘為土人所殺，清廷委派建昌兵備道趙爾豐為爐邊軍務督辦（繼升川滇邊務大臣及駐藏大臣）會同四川提督馬維騏率兵進剿。大軍採用強壓的軍事手段，先後平巴亂、打鄉城、服鹽井、定三岩，拓土開疆，銳意經營。[53]趙爾豐「改土歸流」之後，理塘土司被迫逃亡西藏，副土司服毒自殺。在鄉城，土百戶被殺逐之事亦層出迭見；「稻城四區」也僅保存每村有一小頭人承辦糧差和處理村中事務，境內原有統治已再無恢復可能。[54]

民國元年（1912 年）革命軍起，駐藏陸軍嘩變，西藏地方軍隊乘機東進，得榮、定鄉和稻城叛變，理塘為鄉城娃所破，清末在此的設置蕩然無存。[55]昌都地區改稱川邊，成為後來西康省的一部分。自民國初年始，嘉黎以東的昌都地區劃隸川邊，民國七年（1918 年）以後受西藏地方管轄。其中，丁青，即類烏齊，民國元年改縣，不久歸

---

51 參見楊嘉銘、阿絨：〈明季麗江木氏土司統治勢力向藏區擴張始末及其納西族移民蹤跡概溯〉，中國人民政治協商會議甘孜藏族自治州委員會：《甘孜州文史資料》（第十八輯）（2000年），頁246。

52 參見高秉鑫：〈西康歷程〉，中國人民政治協商會議甘孜藏族自治州委員會《甘孜州文史資料》（第二十一輯）（2004年），頁9。

53 同上書，頁3。

54 參見〈理塘縣長青春科耳寺調查〉，四川省編寫組：《四川省甘孜州藏族社會歷史調查》（成都市：四川省社會科學院出版社，1985年），頁290-293。

55 參見張保見：《民國時期青藏高原經濟地理研究》（成都市：四川大學出版社，2011年），頁49。

西藏管轄；寧靜，清末設立江卡設治委員，民國二年改縣；同普，清末置縣；武城，清末為三岩委員，民國二年改縣；貢縣，清末為貢覺委員，民國二年改縣；恩達，清末為恩達廳，民國二年改縣；昌都，清末為昌都府，民國二年廢府改縣；科麥，清末置縣，治科麥村；察隅，清末為雜瑜委員，民國二年改縣；嘉黎，清末為拉里，民國二年改縣；太昭，清末為工部設治局，民國元年擬設太昭府未果，民國二年改縣。此外，鹽井縣也於民國二十二年後逐漸轉歸西藏地方政府管轄。[56]

民國十六年（1927年），劉文輝任西康邊防總司令，在康定設立西康政務委員會；1939年元旦，西康省政府在康定成立。民國十九年（1930年），西藏地方軍隊再度開戰，隨後雙方簽訂《岡托停戰協定》，以金沙江為界，西康、青海和西藏界線遂得以確定。康定、巴安、義敦、九龍、瀘定、雅江、道孚、理化、瞻化、稻城、甘孜、爐霍、丹巴、定鄉、得榮、德格、石渠、鄧柯、白玉等金沙江以東的19個縣為西康省管轄。[57] 1949年12月，劉文輝通電起義，宣佈西康和平解放，西康省政府在西昌成立。1950年3月解放軍解放全西康，結束國民政府統治。1955年9月，西康省人民委員會發出《關於省人民委員會停止行使職權，宣佈撤銷日期及有關事項的通知》，歷時16年10個月的西康省從此消失，成為歷史名稱。[58]

在迪慶藏族聚居區，明末清初之際，南下的青海蒙古和碩特部聯合西藏地方勢力，驅逐日漸衰微的木氏土司勢力。清軍1644年入關，1658年佔領雲南，木氏土司雖然得以保留，但其對迪慶的控制

---

56 同上書，頁44-45。

57 同上書，頁49-50。

58 參見高秉鑫：〈西康歷程〉，中國人民政治協商會議甘孜藏族自治州委員會：《甘孜州文史資料》（第二十一輯）（2004年），頁45。

權已基本喪失，迪慶逐步成為達賴喇嘛的「香火之地」，歸屬西藏地方勢力管轄。康熙十三年（1674年），久踞雲南的吳三桂公開反清，為爭取西藏和青海地方政權的支持，將迪慶逐步割賄。康熙年間清廷先後兩次出兵西藏，終於平定青海和碩特部叛亂。康熙三十六年（1697年）之後，迪慶大部分由四川巴塘土官管轄。雍正二年（1724年），清廷收復青海，將維西、中甸、阿墩子劃歸雲南管轄。[59]雍正五年（1727年），清廷勘定川滇邊界[60]，設維西廳，乾隆十八年（1753年）設中甸廳。1921年改維西、中甸兩廳為縣，1932年始設立阿墩子設治局，1935年以藏語「德欽林」之音，改名為德欽設治局。1957年，迪慶藏族自治州成立，德欽縣由麗江地區劃歸迪慶藏族自治州管轄。

在怒江地區，1620年，清政府為加強對怒江地區的統治，設置六庫、老窩兩個土千總，屬雲龍州。繼而增設卯照、魯掌和登埂三土舍，屬永昌府。福貢、貢山屬維西守備廳，隸屬於麗江府，先後受康普土司禾氏和葉枝土司王氏管轄。清末，察隅土司勢力深入菖蒲桶一帶。辛亥革命以後，雲南地方政府為遏制帝國主義對怒江地區的侵略野心，同時削弱地方土司的統治權力，建立「怒俅殖邊總隊」，分 3 個分隊進入碧江、福貢和貢山，成立了知子羅、上帕和菖蒲桶 3 個「殖邊公署」；在蘭坪縣營盤街設立「殖邊總局」，將原屬於保山市的登埂、卯照、魯掌土司屬地和原屬於雲龍的六庫、老窩土司屬地合併，成立魯掌行政公署。

1916 年，知子羅、上帕、菖蒲桶 3 個「殖邊公署」相繼改制為「行政公署」。1930 年以後，在怒江分別設立了菖蒲桶（貢山）、上

---

59 參見《雲南提督郝玉麟奏摺》（雍正三年十二月初二日），張書才主編：《雍正朝漢文朱批奏摺彙編》（6）（南京市：江蘇古籍出版社：1986年），頁543-546。

60 參見《西藏研究》編輯部：《西藏志衛藏通志》，（拉薩市：西藏人民出版社，1982年），頁8。

帕（福貢）、知子羅（碧江）和瀘水 4 個設治局，同時原蘭州改置蘭坪縣；各縣、設治局曾先後隸屬迤西道（滇西道）、騰越道、第七行政督察區（駐麗江）、第十三行政督察區（駐維西）管轄。1928 至 1933 年間，魯掌、知子羅、上帕、菖蒲桶 4 個行政公署，先後改為瀘水、碧江、康樂、貢山 4 個設治局。蘭坪、碧江、福貢和貢山四縣隸屬於麗江行政專員公署。1954 年，成立了包括瀘水、碧江、福貢、貢山四縣的怒江傈僳族自治區，首府設在碧江縣城知子羅。1957 年，改為怒江傈僳族自治州，並將蘭坪縣劃入。1975 年，因碧江縣城有地質災害的風險，自治州首府遷往瀘水縣六庫鎮，同時廢除碧江縣建制。

獨龍江地區直至清朝末年尚無地方機構設置。民國五年（1916 年），菖蒲桶行政委員會將獨龍江劃為西保董；民國七年（1918 年），獨龍江為維西縣茨開縣佐西區；民國十一年（1922 年），稱為菖蒲桶行政委員會第四區；民國二十六年（1937 年），稱貢山設治局孟底鄉；民國二十八年（1939 年），改稱新民鄉。1950 年 4 月稱為貢山縣第四區，1969 年稱為獨龍江公社，1984 年改為獨龍江區，1988 年改稱獨龍江鄉。

民國時期，在三江併流區域生活的族群主要有藏族（古宗）、納西族（麼些）、傈僳族（栗粟）、彝族（羅羅）、怒族（怒子）、獨龍族（俅子）、普米族（西番）、白族（民家、巴尼、勒墨）、景頗族（浪速）、漢族等。這些族群的分佈在很大程度上是隋唐以來吐蕃東進和明代木氏土司勢力北擴的結果。事實上，早在木氏土司用兵迪慶之前，藏族已經成為迪慶高原的主體民族。而木氏的北進又給麗江地區帶來了大量的納西族軍隊、隨軍人員及移民。到明代，麗江以北地區的居民基本上為藏族，當時的文獻稱之為「古宗」、「西番」或「細腰蕃」；而在瀾滄江一線的維西縣，則為傈僳族世代聚居之地。從德欽

到麗江，形成了一條斜跨迪慶高原東南和西北的分佈線，北部地方的主體民族是藏族，南部則主要聚居著納西族和傈僳族。

自明代以後由雲南北遷進入藏族聚居區的納西族一直在當地繁衍生息。據 1954 年開展民族識別工作時的統計資料顯示，定居在甘孜藏族聚居區的納西族至少還有 5,000 戶以上[61]，但由於長期與藏族混居，其後代已經大部分演變為藏族。在鄉城、得榮、稻城、巴塘等地的村寨，歷史上都曾經是納西族聚居的地方，但現在已經和當地藏族沒有明顯差異，僅在年節等某些民俗中保留著納西族傳統，以表示對先祖的懷念。甘孜州南部的納西族主要聚居在巴塘縣的白松鄉。到 1990 年，全鄉 2,915 人中有納西族 638 人，占全鄉人口總數的 21.88%。[62] 納西族聚居在白松鄉一帶有以下主要原因：一是當地海拔較低，氣候溫和，適合從滇西北遷入的納西族生活；二是當地北通巴塘、南通得榮、東通鄉城，是當時木氏土司進軍和退守的戰略要地。[63]

與藏族和納西族相比，怒族和獨龍族的分佈區域則相對穩定，他們仍然聚居在怒江流域和獨龍江流域世代繁衍生息。從人類歷史上向四方遷徙的路線來看，族群交往活動的方嚮往往是沿著江河或山脈的走向形成，隨著社會發展、文化交流和軍事擴張，人們開始逢山開路、遇水搭橋。從這一思路來看，三江併流峽谷獨特的地理地貌特點決定了這裏以南來北往為主的族群交往與遷徙活動特徵，各族先民利用橫斷山脈走向及江河沖刷切割所形成的天然通道，闖出了一條由東至西、由北而南的民族遷徙「走廊」和經濟文化交流路線。正如陶雲

---

61 參見格勒：《甘孜藏族自治州史話》（成都市：四川民族出版社，1984年），頁114。

62 參見楊嘉銘、阿絨：〈明季麗江木氏土司統治勢力向藏區擴張始末及其納西族移民蹤跡概溯〉，中國人民政治協商會議甘孜藏族自治州委員會《甘孜州文史資料》（第十八輯）（2000年），頁240。

63 參見《白松鄉納西族社會歷史調查報告》，中國人民政治協商會議甘孜藏族自治州委員會：《甘孜州文史資料》（第十八輯）（2000年），頁254。

達先生所言：

> 怒江、瀾滄江，對於東往西，或西往東的交通上是一種阻礙，
> 但是自北往南，或自南往北未嘗不是一條天成的大道，因為雖
> 然不能行舟，但是沿河而行的便利是很引誘人的，設如我們很
> 籠統地敍述夾著這兩條河的山脈形式和方向，則高黎貢山、碧
> 羅雪山以及雲嶺雪山三者山脈，也多是自北而南的。這種形
> 式，在交通方向上的便利與阻礙，和前述的河流是一樣，就是
> 便於南北，而礙於東西。[64]

第三節　多樣化的婚姻形態與社會性別制度

　　婚姻可視為人類社會調節兩性關係的一種工具，可以使每個人在
社會中得到一個確定的地位，也因此決定他與其它人的關係。[65]對於
人類社會的婚姻制度，莫利斯曾有過這樣的判斷：

> 配偶關係在全人類的興起，自然有利於單偶制的形成，但是它
> 不會絕對要求採用單偶制。……如果配偶機制只適合單偶制，
> 絕對排斥多偶制，那就使種屬的繁衍失去效率。但是，多偶制
> 的形成不會沒有困難。……而且，維持大家庭的經濟壓力也不
> 利於它的形成。程度不高的多偶制固然可以存在，但是它受到

---

64 陶雲逵：〈碧羅雪山之栗粟族〉，《「國立中央研究院」歷史語言研究所集刊》（第17
　冊）（北京市：商務印書館，1928年）。

65 參見〔英〕W. H. R. 里弗斯著，胡貽谷譯《社會的組織》（北京市：商務印書館，
　1990年），頁35。

嚴重的局限。[66]

現實的狀況印證了莫利斯的論斷，人類社會中超過 75% 的婚姻
形式是單偶制，多偶制僅集中分佈於北極地區、青藏高原及南印度和
毗鄰的斯里蘭卡。[67]就算是在其中「實行該婚俗的『當前世界最大和
最為昌盛的社區』──操藏語的民族」[68]中，婚姻形式仍以一夫一妻
制為主[69]參見。那麼，在多民族共居雜處的三江併流峽谷，婚姻與家
庭形態又會呈現出何種風貌呢？

一 多種婚姻形態併存的藏族和納西族移民社會

民主改革前，雲南迪慶和四川甘孜藏族聚居區的情況大致相似，
多種形式的婚姻形態併存於藏族社會中，包括一夫一妻制的單偶婚、
一夫多妻和一妻多夫制的多偶婚。從已有的統計資料來看，1988 年
王大犇等人主持的調查表明了多偶制在各藏族聚居區的廣泛存在[70]；
1996 年西藏自治區芒康縣在對全縣婚姻狀況的調查中也發現了超過
40% 的多偶制[71]；2001 年堅贊才旦對西藏真曲河谷地區所開展的調查
較為集中且樣本數量充沛，真實地反映了調查地區多種婚姻形態併存

---

66 〔英〕德斯蒙德・莫利斯著，何道寬譯：《裸猿》（上海市：復旦大學出版社，2010
年），頁82-83。

67 參見J P Gray. "Ethnographic Atlas Codebook". *World Cultures*, 1998 (10):4-5.

68 Prince Peter. "The Polyandry of Tibet, Actes du IV Congres International des Sciences
Anthropologiques et Ethnologiques". *Vienne*, 1952 (2):176.

69 〔法〕石泰安，耿昇譯：《西藏的文明》（北京市：中國藏學出版社，2005年），頁86。

70 參見王大犇、陳華、索朗仁青：〈西藏藏族婦女的婚姻與生育〉，張天路主編：《中
國少數民族社區人口研究》（北京市：中國人口出版社，1993年），頁45。

71 參見《芒康縣基本情況及全縣婚姻狀況的調查報告》（芒康縣：人民法院，1996年）。

的真實形態[72]；張建世與土呷的調查提供了 1 個村落的詳細調查資料，分析了單偶與多偶制家庭的形成條件及其之間的相互關係[73]；許韶明在 2005 至 2007 年間所調查的 3 個村落涵蓋了多個藏族地區，展現了多偶制在不同地方所表現出的共性與差異，豐富了這一領域的調查資料[74]。在父系血緣占絕對統治地位的三岩地區，也以「一妻多夫」和「一夫多妻」為基本的婚姻形式，大家庭較為常見，一般不允許分家和脫離父系宗族組織。

誠如上文所述，藏族是實行多偶制較為集中的族群，在青藏高原東南邊緣的藏族地區，從西藏境內的芒康、左貢、貢覺、察隅，到川西南的白玉、理塘、鄉城、稻城、得榮等地，再到雲南境內的德欽和中甸等地，凡是藏族人口聚居的地方，都有多偶制的廣泛分佈。《中甸縣志》中曾這樣記述：

> 藏族的婚嫁有四種方式：一、弟兄共妻，即多夫制；二、姐妹共夫，即多妻制；三、兄妹結婚制；四、無論多子或獨子，均送入大寺為喇嘛，而贅一婿以延宗嗣。因藏族家庭之經濟大權均操於女子之手，數千百年已成習慣，是以每一家庭僅容有一主婦，百千萬年不許分家。[75]

據調查，在 1950 年以前的迪慶藏族聚居區約有 31% 的家庭是一

---

72 參見堅贊才旦〈真曲河谷一妻多夫家庭組織探微〉，《西藏研究》2001年第3期。

73 參見張建世、土呷〈珠多村藏族農民家庭調查〉，《西藏大學學報》2006年第2期。

74 參見許韶明：《差異與動因：青藏高原東部三江併流地區兄弟型一妻多夫制研究》（廣州市：中山大學人類學系博士學位論文，2009年），頁51。

75 轉引自段綬滋纂修：〈民國中甸縣志稿〉，《中國地方志集成‧雲南府縣志輯》（83）（南京市：鳳凰出版社，1960年），頁47。

妻多夫家庭。在一妻多夫家庭中，最為常見的是兄弟共妻，並且以兩兄弟共娶一個妻子最為普遍。在中甸縣（今香格里拉縣）東旺鄉，在民主改革過去 40 多年之後仍有 16% 的家庭選擇這種婚姻形式。[76]筆者曾於 2010 年在德欽縣一個藏族村落的 567 戶家庭中發現 51 戶實行多偶制，其中有 48 戶是兄弟共妻的多偶制家庭。據文獻資料顯示，1950 年以前德欽縣也曾有過 7 個兄弟共娶一妻的案例。[77]而斯里蘭卡 Sinhalese 的一妻多夫家庭中也有過 7 個丈夫共娶一個妻子的例子。[78]

藏族群眾多樣化的婚姻形態其實正是藏族傳統社會家庭結構的一個縮影，也生動反映了阿吉茲在藏邊定日調查之後得出的結論。她認為：「西藏的婚姻形態可能比任何其它社會更具有多樣性，這種複雜的婚姻形態反映了人們的社會觀念，表現了他們在思想和行為方面的適應性，它也是持續不斷的社會流動過於劇烈的結果——這一切都促使人們在盡可能廣闊的範圍內選擇合適的婚姻形態。」[79]

從滇西北地方北遷進入藏族聚居區的納西族在婚姻形態上既深受藏族影響，同時還保留著較多的本民族傳統。中甸一帶的納西族普遍以一夫一妻制家庭為主，婚姻多由父母包辦，孩子在 810 歲時父母就會代其選定配偶，到了十八九歲時仍由父母擇日安排結婚儀式。在通婚關係和範圍上盛行姑舅表婚、姨表婚，轉房制度也較為普遍。在當地東壩關金村 44 戶納西族家庭中，舅表婚佔了 14 戶。喪妻的男子有

---

76 參見和建春：〈香格里拉縣東旺鄉藏族婚俗初探〉，《香格里拉史志通訊》2008年第2期。

77 參見宋恩常：〈藏族中的群婚殘餘〉，見《民族學研究》（第二輯）（北京市：民族出版社，981年）頁223。

78 參見 L.R.Hiatt. "Polyandry in Sri Lanka: A Test Case for Parental Investment Theory". *Man, New Series*, 1980, 15(4):583-602.

79 〔美〕巴伯若・尼姆里・阿吉茲著，，翟勝德譯：《藏邊人家》（拉薩市：西藏人民出版社，1987年），頁157。

優先權娶入妻子未婚的姐妹，這被當地人認為是親上加親的美事。[80]
在維西一帶，納西族雖然已經確立了一夫一妻制的父系家庭，但男女
青年婚前的交往仍較為自由，即使發生性關係也不受社會斥責和約
束。但其婚姻仍由父母包辦。土司貴族家庭亦實行嚴格的等級內
婚。[81]納西族實行多偶婚的群體主要分佈在四川省木裏縣俄亞一帶，
在鹽井一帶也有少量分佈。

二　以單偶制為主的怒族與獨龍族社會

（一）怒族的族內婚

　　怒族民間普遍流傳著一個反映早期社會中祖先婚姻生活的神話傳
說。其大致內容是：在遠古時代，因為洪水暴發，淹沒了所有的房屋
田地，只有兄妹兩人躲在一個大葫蘆裏隨水漂浮而幸運地生存了下
來。洪水退去之後，世人都淹死了。兄妹二人所到之處只看見烏鴉在
啄食人的屍體。烏鴉對他們說：「世人都死絕了，只有你們兩兄妹成
婚才能繁衍後代。」但是，親兄妹怎麼能成婚呢？兄妹二人都不願
意。他們不聽烏鴉的話，便分道南北去尋找配偶。但所到之處，都是
一片獸蹄鳥跡的荒蕪世界，不見人影。這時，他們才確信烏鴉所言屬
實。在無可奈何中，哥哥向妹妹求婚。妹妹說：若能以弩射中「衣
馬」（一種有小孔的貝殼）則乃天意所許，我兄妹倆只能成婚。結
果，哥哥屢射屢中，兄妹遂成婚。婚後生九男九女。因為這時世上還

80　參見《中甸、維西納西族婚喪習俗》，見《民族問題五種叢書》雲南省編輯委員會、
　　《中國少數民族社會歷史調查資料叢刊》修訂編輯委員會：《納西族社會歷史調查》
　　（一）（北京市：民族出版社，2009年），頁56。
81　同上書，頁58。

只有這 9 對親兄妹，所以仍然在兄妹之間相互成婚，繁衍後代。親兄妹互為夫婦，這種婚姻形式是原始的雜亂性交狀態中發展出來的第一種形態，類似於摩爾根所說的血緣婚。[82]

到 20 世紀 50 年代前後，怒族的婚姻形態主體已經發展為一夫一妻制，這種單偶制婚姻習俗受到當地社會的肯定與保護，重婚納妾的情況很少。村寨中雖然也有極少數的多妻現象，但其原因多半是因為第一個妻子不生育，或者是在生女而不生男的情況下重娶產生的，因此不屬於嚴格意義上的一夫多妻制。

氏族內婚和非等輩婚是怒族社會傳統婚配關係中的突出特徵。氏族甚至家族內部除親胞兄弟姊妹外的男女都能夠互相婚配，並且被人們視之為「親上加親」的美事。在碧江縣一區九村的甲加自然村 38 對配偶關係中，其中氏族內部相互通婚的有 23 對，占 60.5%；氏族外婚者僅有 15 對，占 39.5%。在氏族內婚中又全部是血緣關係較近的一個家族內部的男女之間相互通婚。上述 23 對族內婚配偶之間的親疏關係是：相隔 7 代者 7 對，相隔 6 代者 3 對，相隔 5 代者 4 對，相隔 4 代者 4 對，相隔 3 代者 5 對，相隔 1 代者 4 對，而其中竟還有一對是只相隔 1 代的姑母和侄子婚配。[83]在福貢縣一區的木古甲村的一個自然村 30 戶人家中，有叔伯兄妹婚 5 人，姨表親婚 2 人，不同輩次的非近親結婚 5 人，另 6 人是與外家族的婚配。在叔伯兄妹婚中，一般需要相隔 3 代以上才能通婚，此類婚姻的締結除了按習慣規定的彩禮外，還需要再送 1 口鍋或三腳架給女方的父母。也有個別親胞弟兄之子女相互婚配的，但群眾對此很反對。怒族沒有姑舅表優先

---

82 參見《碧江縣一區九村怒族社會調查》，《民族問題五種叢書》雲南省編輯委員會、《中國少數民族社會歷史調查資料叢刊》修訂編輯委員會：《怒族社會歷史調查》（北京市：民族出版社，2009年），頁35-36。

83 同上書，頁37。

婚配的習慣。姨表婚為習慣所允許。[84]

　　此外，怒族還保留著夫兄弟婚（轉房）的習俗，即一個婦女在丈夫死後，可以轉嫁給丈夫的同胞兄弟。對於這種婚姻形態，夫方親屬沒有把它看作一種權利或義務，因為轉房需要丈夫的兄弟也死了妻或尚未有妻室，同時還必須取得女方之同意，否則她可以改嫁給任何一個別的男人，因而也排斥了多妻的存在。轉房之後，丈夫的前妻所留下的子女對繼母稱呼為伯母或叔母，女方前夫所生的子女稱母親的後夫為叔伯父。雙方子女之間都視為兄弟姊妹。[85]

（二）獨龍族的族外婚

　　獨龍族社會的傳統婚姻形態以一夫一妻為主，也包括一定數量的一夫多妻家庭，妻子的人數以 24 人較為常見，但也有少數家庭有 58 個妻子。例如，獨龍江南部地區曾有一個頭人有 9 個妻子，但他娶第二個妻子時需要徵得大妻及其娘家的同意。[86] 1957 年的調查資料顯示，在貢山縣四區第四行政村的 97 個已婚男子中，多妻者有 21 個，占已婚男子總數的 21.6%。[87]

　　氏族外婚是獨龍族社會中婚配關係的主要特徵。即同一氏族的男女不能通婚，獨龍族人還有句俗語叫「爾哇爾莫甲爾莫久」，意為

---

84 參見《福貢縣一區木古甲村怒族社會調查》，《民族問題五種叢書》雲南省編輯委員會、《中國少數民族社會歷史調查資料叢刊》修訂編輯委員會：怒族社會歷史調查》（北京市：民族出版社，2009年），頁64。

85 同上，頁65。

86 參見《民族問題五種叢書》雲南省編輯委員會、《中國少數民族社會歷史調查資料叢刊》修訂編輯委員會：《獨龍族社會歷史調查》（一）（北京市：民族出版社，2009年），頁6。

87 參見《貢山縣四區四村獨龍族原始共產製殘餘調查》，《民族問題五種叢書》雲南省編輯委員會、《中國少數民族社會歷史調查資料叢刊》修訂編輯委員會：《獨龍族社會歷史調查》（一）（北京市：民族出版社，2009年），頁103。

「自家的姑娘不能討」。各氏族間形成了較為固定的婚姻集團，實行
嚴格的家族外婚制，反對姑舅表婚配。這種通婚集團的特點是：在兩
個固定的通婚氏族中，甲氏族的每一個成年男子都可以成為乙氏族每
一個成年女子的丈夫，而乙氏族的男子不能娶甲氏族的女子為妻，必
須娶丙氏族的女子為妻，這是為了防止血統倒流，從而形成了氏族環
狀外婚集團。[88]即男性必須到母親出生的氏族裡娶妻，而女性則要嫁
給姑母曾嫁給的氏族的男性成員。這種通婚原則被人們稱為「安克尼
拉」。根據這種原則，最典型的是由 3 個不同氏族的成員所組成的通
婚關係。事實上，由於各氏族的男女成員數量不一，甚至出現一時沒
有適合通婚的成員，使得這種通婚關係受到破壞，或者由單線的聯繫
變成多線的聯繫。[89] 20 世紀 60 年代的民族調查資料顯示，在歷史上
54 個獨龍族家族公社中，較大的通婚集團有孔當、蕭切、丁拉梅、
龍元、求底、迪朗、龍仲、哨朗、莫利念家族。[90]這種集團婚姻形態
一直要持續若干代，只在對方已經沒有合適對象的情況下才能停止通
婚，而同一氏族的男女假如通婚，則要受到懲罰。例如，居住在孔
當、孟登木和貢山丙中洛等地區的甲貢家族，就曾出現過本家族叔伯
弟兄的子女相互婚配而被家族長趕走的事例，違反禁忌者被販賣到察
瓦龍地方當奴隸。[91]

　　由於獨龍族生活在狹長的山谷之中，嚴格的氏族外婚制度使人們

---

88 參見龔佩華〈獨龍族的婚姻、姓名和曆法〉，《民族文化》1980年第2期。
89 參見《貢山縣四區四村獨龍族原始共產製殘餘調查》，《民族問題五種叢書》雲南省
　　編輯委員會、《中國少數民族社會歷史調查資料叢刊》修訂編輯委員會：《獨龍族社
　　會歷史調查》（一）（北京市：民族出版社，2009年），頁86-87。
90 參見《獨龍族簡史》編寫組：《獨龍族簡史》（昆明市：雲南人民出版社，1986年），
　　頁86-87。
91 參見蔡家麒：《藏彝走廊中的獨龍族社會歷史考察》（北京市：民族出版社，2008
　　年），頁21。

無法在大的地域範圍內廣泛挑選婚姻對象，女性來源是造成婚配範圍窄的因素之一，並影響婚姻形態的選擇，人們為解決這一難題遂想出了變通的辦法。例如，居住在獨龍江下游達色到孟庫一帶的迪東氏族為瞭解決通婚困難而將一個氏族從內部分裂，兩個分裂形成的新氏族的男女遂可通婚。[92]

　　非等輩婚也是獨龍族婚姻形態的重要特徵之一，是原始對偶婚的另一種反映。這種婚姻不按照長幼輩分婚配，父親死後，其小妻歸長子佔有；兒子死後，如無兄弟，兒媳歸公公所有；親姊妹也可以分別嫁給父子。

　　獨龍族中非等輩之間的婚配關係很多，並且是社會公認的一種婚姻締結形式。獨龍族「非等輩婚」有下列四種類型：一是父子分別娶同一氏族內的姐妹為妻；二是父子分別娶氏族外的姐妹為妻；三是子娶庶母或侄娶其嬸；四是父娶兒媳，侄娶繼母。例如，丙當·頂的第三子死去之後，其妻子年僅 17 歲，家族最先打算將她轉給第二子為小妻，但因為第二子不在家，最後由其公公丙當·頂本人娶其為小妻；而孔當·爭的妻子原先則是他父親的小妻，也就是他本人的小娘。[93]又如巴坡村汀家的一對姐妹分別嫁給彭來頓雙朗獨立·松家的父子為妻；木利門嫩·松家的父親甚至乘兒子不在家時將其預定的未婚妻娶來做自己的小妻。[94]在固定的婚姻集團中，一群親兄弟和一群親姊妹同時或先後實行婚配的行為，是早期群婚轉入不穩定的一夫一

92　同上。

93　參見《貢山縣四區三村孔當、丙當、學哇當獨龍族社會經濟調查》，《民族問題五種叢書》雲南省編輯委員會、《中國少數民族社會歷史調查資料叢刊》修訂編輯委員會：《獨龍族社會歷史調查》（一）（北京市：民族出版社，2009年），頁43-44。

94　參見《貢山縣四區四村獨龍族原始共產製殘餘調查》，《民族問題五種叢書》雲南省編輯委員會、《中國少數民族社會歷史調查資料叢刊》修訂編輯委員會：《獨龍族社會歷史調查》（一）（北京市：民族出版社，2009年），頁103。

妻制的過渡形式，這種婚姻屬於對偶婚的範疇。[95]非等輩婚的存在反映了獨龍族社會曾經廣泛存在的對偶婚制度，也就是一個氏族的男子普遍是另一個氏族女子的丈夫的階段。這種不同輩分之間的婚姻關係反映了獨龍江內女性適婚對象無法滿足適齡男性的需要，即在婚配對象的女性數量方面存在不足。

妻姊妹婚是獨龍族多妻家庭的特徵，即一個男子同時或先後娶親姐妹為妻。獨龍族人稱這種婚姻形態為「安尼南」，意為「娶兩姐妹」，指在通婚集團之內，甲氏族的某男子娶了乙氏族的某長女為妻，這個女子的妹妹成年後可以嫁給這個男子為妻，或者嫁給這個男子的親兄弟為妻。獨龍族人認為，幾個弟兄共娶幾個姊妹為妻可以和睦相處，而且財產不會外溢。諸兄弟中若有一個弟兄死亡，其妻便轉讓給弟兄中的任何一個，假若弟兄不願再要，可以再轉給堂兄弟、叔叔甚至其父親。一個男子同時或先後娶親姊妹倆為妻，用很少的聘禮把妻子的妹子訂下作為預備妻子「迪瑪」，當女方沒有姊妹時，便採取另外再娶一個女人為小妻的做法，以彌補勞動力的不足。「迪瑪」指的是同時有兩姐妹的家庭，大姐先嫁給男方，此時妹妹年齡尚小，姐夫有權事先將 1 把刀子或 1 頭小豬給女方作為訂禮，將妹妹訂下作為自己的「預備妻子」。與娶正式妻子相比，預備妻子所需要的聘禮很少，有時僅僅只是 1 把刀、1 頭小豬或者幾床麻布毯子就夠了。到了妹妹成年時，將其作為「預備妻子」迎娶回家的儀式叫作「迪瑪魯」，意為納預備妻子。假如女方沒有姊妹，那麼便採取另外再娶 1 個女人作為小妻的方式以彌補家庭勞動力的不足。在貢山縣四區的第三村 81 戶人家中，實行妻姊妹婚的家庭有 10 戶，佔了總戶數的

---

95 參見楊鶴書：《中國少數民族社會與文化》（廣州市：中山大學出版社，1999年），
頁32。

12.4%。[96]在同區第四村的 21 個多妻男子中，7 人是妻姊妹婚，其中有 6 人妻為兩姊妹，1 人妻為三姊妹。[97]

妻姊妹婚實際上是對偶婚通婚集團的進一步發展，體現出男性在社會中進一步掌握權利的現實特徵。儘管多妻的家庭沒有妻妾之分，但大妻的地位要高於次妻，她可以掌管經濟和糧倉，小妻被大妻支配幹活。但由於兩姊妹來自同一家庭，相對和睦。儘管由於多個妻子之間的關係是親姐妹而略顯和睦，但丈夫對妻子的絕對控制關係已經確立，妻子不可能再有自由的性生活或與其它男子發生性關係，假如妻子與外人發生通姦事件，其丈夫有權讓姦夫殺雞或殺豬賠禮。

多妻家庭的存在實際上是父權制不斷發展的結果，其初衷主要是為了購買女性的勞動力。在獨龍族社會裏，多妻婚姻發生的時間並不久遠。根據 1957 年的調查，當地在三代人之前尚未發生多妻的現象，一直盛行傳統的對偶婚和妻姊妹婚。在從對偶婚向多妻制發展的過程中，預備妻子「迪瑪」的出現是一個重要的信號。多妻實際上是私有制發展的結果，實行多妻的多是當地富裕的家族長或頭人，貧困人家多妻的情況很少。

獨龍族還有轉房婚的習俗，丈夫死後，妻子要嫁給夫家的同輩，也可以嫁給長輩或晚輩。男子把繼承兄弟或兒子的妻子看作自己的權利，同時也是義務。例如，貢山縣第四區第三行政村的丙當・滇家的兒子死去之後，其父就將兒媳收留作為自己的妻子；第四行政村的木楞崩・汀儘管已經有 3 個妻子，但在哥哥死去之後仍將嫂子收留作為

---

96 參見〈貢山縣四區三村孔當、丙當、學哇當獨龍族社會經濟調查〉,《民族問題五種叢書》雲南省編輯委員會、《中國少數民族社會歷史調查資料叢刊》修訂編輯委員會:《獨龍族社會歷史調查》(一)(北京市:民族出版社，2009年)，頁45。

97 參見《貢山縣四區四村獨龍族原始共產製殘餘調查》,《民族問題五種叢書》雲南省編輯委員會、《中國少數民族社會歷史調查資料叢刊》修訂編輯委員會:《獨龍族社會歷史調查》(一)(北京市:民族出版社，2009年)，頁103。

自己的第四妻。女子只有在亡夫家實在無人繼承或本人堅決反對轉房的情況下才能外嫁，但外嫁者必須償還夫家娶自己時所支付聘禮的一半作為補償。[98]又如，熊當村當時 70 歲的其空克演家原有 4 個兒子，其中一個婚後另居，第二子夫婦、第三子夫婦和未婚的第四子與父母共居。1980 年，第二子在開採山石時不幸被滾落的石頭砸死，其寡妻當年即帶著 1 歲的孩子改嫁給第三子做他的第二位妻子。[99]

獨龍族的婚姻基本上都由家長包辦，家長根據門當戶對的原則，壟斷或控制女兒的婚姻和求婚者。族中盛行早婚，女孩在訂婚後便可被領到男方家中生活，待其成年後再與丈夫同房生活。

獨龍族獨特的生存環境決定了社會發展程度的低下和緩慢，因而較多地保留著本民族傳統的婚姻形態。擇偶範圍既遵循一般原則如亂倫禁忌、內外婚制和優先婚，同時又受到一些特殊因素如地理條件和人口比例的制約。其婚姻制度反映出他們的社會性質，儘管一夫一妻制是其社會主要的婚姻形態，但對偶婚和一夫多妻的存在亦反映出其婚姻形態從母系社會向父系家長制公社過渡的特徵。

小結

縱橫分佈的江河將橫斷山區切割為許多深谷高嶺和一塊塊不連貫的臺地，形成許多相對獨立而封閉的地理區域，使這裏成為生物多樣性和文化多樣性最為集中的地區之一。三江併流峽谷多種獨特性的併

---

98 參見《貢山縣四區四村獨龍族原始共產製殘餘調查》，《民族問題五種叢書》雲南省編輯委員會、《中國少數民族社會歷史調查資料叢刊》修訂編輯委員會：《獨龍族社會歷史調查》（一）（北京市：民族出版社，2009年），頁103。

99 參見蔡家麒《藏彝走廊中的獨龍族社會歷史考察》，（北京市：民族出版社，2008年），頁76-77。

存，一方面來自其特殊的地理氣候環境及其所孕育的物種生態結構，另一方面則與其歷史上往來交融的族群和歷史文化息息相關，在此基礎上形成的婚姻形態和性別政治形貌也具有多樣性與複雜性。因此，對這一領域問題的研究不能拘泥於某種限定的思維、方法和標準，而應該尋求更為有效的研究路徑。此外，還應運用跨區域的視角對比和理解性別權利與政治的變遷史，採用多元化的分析思路，力求將特定對象的性別權利與政治問題在內涵確定的基礎之上，使其外延盡可能地擴大。

第二章

女源與男流[1]：母權和父權的爭奪與博弈

　　本章討論的問題是不同社會結構中母系與父系繼嗣制度的形成與流變過程中男女兩性所獲取和喪失的權利。社會是由相互聯繫的家庭所形成的一種結構，通過描繪家庭關係可以勾勒社會的面貌。[2]婚姻使得家庭的責任和正式的義務成為整體，反映了社會的基本結構。每宗婚姻中存在的不同狀況即根植於這一社會的可變因素，諸如關於血統與遺產、世系結構、居所以及那些控制兩性之間關係的規則。[3]母權與父權正是在不同的社會結構和婚姻家庭形態變遷中不斷相互爭奪與博弈。

第一節　血緣、繼嗣與家庭的傳承機制

　　正如佩勒茲所指出的那樣，從 20 世紀 60 年代開始，人類學家對血統、婚姻和婚後居住規範等構築親屬制度的基本元素的討論逐漸喪失了興趣。20 世紀 70 年代以來，人類學的親屬研究已經被重構或部

1　本章的標題受到翁乃群：《女源男流：從象徵意義論川滇邊境納日文化中社會性別的結構體系》，《民族研究》1996年第4期的啟示，在此致謝！

2　參見〔美〕威廉‧J. 古德著，魏章玲譯：《家庭》（社會科學文獻出版社，1986年），頁2。

3　參見Dorothy Hammond & Alta Jablow. *Women in Cultures of the World*. Cummings Publishing Company, 1976:26.

分地歸入了社會史、政治人類學、女性人類學等領域，其中女性人類學為其注入了新的熱情，並為其重構作出了貢獻。科利爾和亞納吉薩科的著作無疑是這一領域的重要標誌，通過質疑性別與親屬之間的界線，作者試圖使親屬研究重新恢復活力，並且使性別研究處於人類學理論的核心位置。[4]受其啟發，下文的討論將不同社會結構中的血緣、繼嗣、家庭的傳承機制與性別分析相結合，探討男女兩性之間呈現的等級、權利與差異。

一　通行雙系繼嗣制度的藏族社會

在傳統的藏族社會組織中，婚姻與家庭是最為有趣同時也是受誤解最多的方面之一。[5]在戈爾斯坦看來，西藏是一個講究父權的社會，財產按照父系脈線的方式繼承。[6]藏族人將兩性之間的結合與認同比喻為「骨」與「肉」之間的關係，認為父親傳遞的「骨」是不變的，而母親給的「肉」卻可以改變。[7]在衛藏、安多及尼泊爾等地的藏族群眾中，「骨系」觀念代表了一個人來自親生父親血統的根源，與之對應的是來自母親的「肉」。在他們看來，一個人的生命來自於「父親的精液變成的骨」與「母親的月經變成的肉」。由於人的軀體是先有骨、後有肉，因此母親的肉系易變，而父親的骨系則是永久不變的，繼承父親的骨系也就變得天經地義。與此同時，也存在少數因

4　參見〔美〕邁克爾・G. 佩勒茲著，王天玉、周雲水譯：〈20世紀晚期人類學的親屬研究〉，《廣西民族大學學報》（哲學社會科學版）2010年第1期。

5　參見Melvyn C. Goldstein. "Stratification, Polyandry, and Family Structure in Central Tibet". *Southwestern Journal of Anthropology*, 1971, 27(1):64-74.

6　參見〔美〕Melvyn C. 戈爾斯坦著，何國強譯：〈巴哈里與西藏的一妻多夫制度新探〉，《西藏研究》2003年第2期。

7　參見張天路、張梅：〈中國藏族人口的發展變化〉，《中國藏學》1988年第2期。

無法知曉親生父親或表親通婚等原因繼承母親肉系的情況。[8]由於人類的基因存在一些「致病基因」，婚配對象之間的血緣關係越近，其後代中隱性遺傳病的發病率也會相應增高。[9]認識到這一危害的藏族人在區分「骨系」和「肉系」的同時還規定了父系親屬永遠不能通婚，而母系親屬也要 7 代之後才能通婚。[10]昌都地區三岩一帶的「果巴」宗族群體可謂是這種雙系繼嗣制度的典型，家族內部同時認可父系和母系的血緣關係。

　　儘管通行雙系繼嗣制度，但父系制度仍然在藏族社會中發揮著重要的作用，這種情形與嘉絨藏族的家族雙系制[11]有相似之處，這尤其表現在家庭的繼承權上。在「骨系」觀念與父系制度限定下形成的等級內婚和血緣外婚是當地婚姻構成的基本前提，並將男性後嗣作為家族延續的血脈之本。按照這些規則，婚姻締結的雙方必須身處社會中的同一等級，並且在父系的 3 代之內沒有血緣關係，方具有婚配的可能，儘管母系方面的親屬關係也會被考慮其中，但較父系略顯寬鬆。家戶的延續則是依靠兒子（尤其是長子）來完成，沒有兒子的家庭必須通過招贅的方式，將上門的女婿作為自家的兒子，使其後嗣綿延不絕。尼村藏族群眾對父系繼嗣關係的推崇表現為大量的從夫居婚姻。在筆者曾多次調查過的德欽縣尼村，2012 年全村超過 60% 的家庭是從夫居的，平均每戶有 5.5 人。在甘孜地區，牧區家庭大部分是核心家庭，一家 3 代甚至 4 代一起生活的大家庭主要集中在農區。

8　參見星全成：〈藏族繼承制度的內涵及特徵試析〉，《西藏研究》1997年第2期。

9　參見譚樂山：〈對雜交、血緣群婚和馬來亞親屬制的質疑〉，見《民族學研究》（第二輯）（北京市：民族出版社，1981年）。

10　參見張天路、張梅：〈中國藏族人口的發展變化〉，《中國藏學》1988年第2期。

11　參見林耀華：〈川康嘉絨的家族與婚姻〉，見林耀華：《民族學研究》（北京市：中國社會科學出版社，1985年）。

　　主幹家庭是當地社會中最主要的家庭形式，超過半數的家庭是由
父母和一對已婚子女及其後代所組成的；其次為聯闔家庭，這類家庭
中包括了父母與多對未分家的已婚子女一起生活。在中國農村中佔據
80% 以上的核心家庭[12]在尼村變成了少數，大部分人家仍然延續著主
幹家庭的類型：父母至少和一對已婚的子女生活在一起。此外，還包
括少量的單人戶和其它類型的家庭形式。7 人、8 人和 9 人戶的家庭
在當地所佔比例最大，反映出最少包括 3 代人在內的主幹家庭和聯闔
家庭較為普遍，10 人及以上的家庭大部分是聯闔家庭以及表現為
「單一婚姻主幹家庭」形式的多偶制家庭。4 人戶及以下的家庭中大
部分是核心家庭，此外還包括一定數量的單人戶。

　　多偶制家庭的人口規模則生動反映了這類婚姻所組建的家庭在凝
聚人口和勞動力方面所顯示出的獨特作用。尼村多偶制家庭的人口一
般都在 5 人以上，家庭成員包括父母、共娶（嫁）一妻（夫）的兩兄
弟（姐妹）、兒媳（女婿）、孫子孫女以及部分因未婚、出家或其它原
因沒有從家戶中分離出去的親屬。大部分多偶制家庭的人口數量在 7
至 10 人之間，也有少數超過 10 人。多偶制家庭內部不可分割的親屬
關係以及由生育所增加的人口使得其家庭規模不斷擴大，成為當地人
口較多家庭戶的典型代表。

　　擔任家長是延續家族權威的主要表現形式。家長，當地人稱為
「瓊達」，一般由長子擔任，在某些特殊情況下也可以由非長子承
擔。與俄亞納西族人所行使的「內外家長制」[13]有所不同的是，尼村
藏族群眾的家庭只有一個家長，且一般是男性。作為「家長」的長

---

12 參見潘允康：《社會變遷中的家庭：家庭社會學》（天津市：天津社會科學院出版
　社，2002年），頁189頁。
13 參見劉龍初：〈俄亞納西族安達婚姻及其與永寧阿注婚的比較〉，《民族研究》1996
　年第1期。

子，不僅是年齡上的兄長，同時也是一個家庭權威的象徵，其它的家庭成員必須在家長的安排下從事各種勞動，屈從於家長的權威。丈夫去世但孩子年幼的家庭，也可以由主婦暫時行使家長的職責。假如家長去世，其出家的兄弟在願意的情況下也可以還俗返回家中與哥哥的妻子一起生活，但這種情況非常少見，因為放棄修行被認為是一項極大的「惡業」。

藏族社會所實行的雙系繼嗣制度實際上與當地游牧或半農半牧的社會生產產權觀念有直接關聯。農業社會由於產權分明，雙系制無法長期存在其中；而在社會生產方式中存在牧業生計成分的族群中，由於社會產權不夠明晰，時常會發生諸如牲口越界吃草或者牲畜自由交配的現象，假如這些事情都要區分清楚，那麼社會將會陷入無休止的紛爭之中，而寬鬆的性關係及雙系繼嗣制也因此形成。在當地通行的雙系制中，入贅的女婿不僅可以得到妻子家一視同仁的待遇，甚至還可以成為一家之主。的確，尼村入贅的女婿可以在岳父同意讓出位子的情況下出任家長。此外，人們也可以通過過繼與收養吸納家庭成員，但養子一般會從親屬中選擇，他們將獲得與婚生子同等的權利，這種做法也廣泛地存在於藏族聚居區各地。

雙系繼嗣制還直接影響了當地人在婚前和婚後的性自由以及私生子的出現。正如孟德斯鳩所指出的那樣，在許多許可多偶制的地方幾乎是無所謂私生子的。[14]同樣，尼村的這些私生子也並不會因為自己「尷尬」的身份而遭到不平等的待遇，他們的母親或父親也不會受到他人的歧視，但這種情況現在已經很罕見了。村裏最後一批常見的私生子，現在大多已經年過四十。例如，45 歲的私生子阿紮現在仍然

---

14 參見〔法〕孟德斯鳩著，張雁深譯：《論法的精神》（下冊）（上海市：商務印書館，1997年），頁111。

跟媽媽一起生活在外婆家，他並不介意自己的身份，而且周圍的人也不介意。他的父親格桑就住在距離自己家不遠的地方，因為父親的妻子原來一直不能生育，因此在婚外生下了阿棻。儘管沒有與父親生活在同一個家庭裏，但阿棻還是得到了父親不少的關愛。後來，格桑的妻子生下了一子一女，家族有了後嗣，他們後來甚至還跟阿棻認了兄弟。像阿棻這樣的私生子村裏還有不少，但並不是每個人都可以得到父親家的認可。周圍的人們雖然都知道他們的身份，但從未因為這樣的身份輕視他們，因為在大家看來，所有的孩子都是一樣的，只是生活在不同的地方而已。[15]

藏族群眾開放的性關係與淡泊的血緣觀讓初到的外地人（尤其是漢人）迷惑不解，「華人通其妻亦莫之問下」，（跟隨西吳商人等外出經商的婦女）「去則還，而古宗收其所生之子女為酬焉」。[16]婚外生育現象在藏族聚居區的普遍存在與藏族相對鬆弛的血緣觀念密不可分，同時也從另一個側面反映出當地性別比例的失衡狀況。由於男子的大量出家與非正常死亡，致使大量女性無法正常婚配[17]，婚外生育現象由此產生。民國年間西康道孚縣藏族群眾的私生子現象也較為普遍。人們認為這是由於男性入寺為僧不守戒律，而女子過剩不得出嫁而與人發生性關係的雙重後果。這些婚外所生育的孩子由婦女撫養，因此這些「鄉間偏僻之地，多數婦女終身無夫而有子，自己亦不諱言其子為私生子也」。另據西藏大學 1988 年的調查統計資料顯示，牧區和農區非婚生育的比例分別為 6.7% 和 4.0%。[18]藏族諺語「知其子之生父

---

15 調查時間：2010年7月。

16 參見〔清〕余慶遠：《維西見聞錄》，于希賢、沙露茵選注：《雲南古代遊記選》（昆明市：雲南人民出版社，1988年），頁123。

17 參見趙留芳：〈道孚縣淺影〉，《康導月刊》1938年創刊號。

18 參見張天路：《中國少數民族社區人口研究》（北京市：中國人口出版社1993年），頁46。

其母也，知其子之生母乃眾人也」[19]，即是這種廣泛存在的婚外生育現象的生動寫照。

在民主改革前的甘孜藏族聚居區，父權制的小家庭是社會的主要組成部分。父親支配全家的收入，安排家中的生產生活，決定子女的婚嫁事宜。在一妻多夫制的家庭中，長兄為父，其餘兄弟為叔。對於多子女的家庭，除了一人可以繼承祖產外，其餘或是入贅他家，或是入寺當喇嘛；只有女兒的家庭，可以招贅，上門女婿同樣可以繼承家產和擁有父權。經濟條件相對較差的家庭的兒女的婚娶和招贅都相對困難，再加上大量男子出家為僧，終身不婚的人口比例較高，其中以女性較為突出。

無論是在雲南迪慶還是在四川甘孜，藏族社會對離婚和再婚的看法都較為開放，只要雙方同意離婚，到本部落頭人處備案即可，也可到當地有名望的活佛處請求其主持離婚。此外，經由男女雙方家庭私下協商同意也可以離婚。但假如只有一方同意離婚，那麼就會比較困難。一般由先提出離婚的一方支付離婚產生的相關稅費。[20]

二　從母系向父系過渡轉換的納西族繼嗣制度

儘管父權制早已在麗江地區的納西社會中得以確立，但永寧、鹽源、俄亞地區的納西社會中仍然保留著「以女為貴」的母系繼嗣傳統。在靠近麗江的中甸三壩地區，直到 20 世紀 50 年代前後，女性在家庭中仍然擁有相當的權利。例如，兒女的婚事，決定權不在父親而在母親，女子出嫁時可以帶走平時自己積纍的一切個人財物，甚至

---

19 楊恩洪：《藏族婦女口述史》（北京市：中國藏學出版社，2006年），頁50。

20 參見劉俊哲等：《藏族道德》（北京市：民族出版社，2003年），頁216。

還可以帶走一塊田地。沒有兒子的人家女兒可以繼承父母的全部財產。[21]在通行父系繼嗣制度的納西族社會中，男子在家內以家長身份掌握大權，婦女不能處理重大事情，也不能擔任任何社會職務。在一般情況下，婦女沒有財產繼承權。

木氏土司為了實現人口分佈的相對平衡，自明代以後北遷進入藏族聚居區的納西族雖然大部分以整村移民的方式在特定區域內聚居[22]，人數估計多達數萬甚至更多[23]，但從大環境上看與藏族長期處於大雜居的狀態，因而逐步受到藏族文化的滲透和影響。由於與藏族逐步通婚，其繼嗣制度亦逐步與當地藏族趨於一致，存在嫁女和入贅兩種婚姻締結方式，父母是子女婚姻關係的主要決定者。經過數百年的融合變遷，納西族移民家庭的人名和房名已經全部藏化，土地制度與繼承方式也與當地的藏族相同。[24]與藏族略有不同的是，納西族的婚姻關係締結活動中女方仍然保留了相當的權利。無論是嫁女還是入贅，媒妁之事均由女方出面到男方求親，假如對方無異議，則贈送訂親信物。禮物多少和種類不拘，但茶葉和哈達是必備的，這一點與藏族非常相似。

聚居在中甸一帶的納西族繼嗣中保留著較多的母權遺風。女子如在婚前生有孩子，只要能指出孩子的父親，且該男子未婚，則他必須娶這個女子，假如此男子已婚則必須負責撫養小孩。非婚生子女與婚

---

21 參見《納西族社會歷史調查》（第二輯）（昆明市：雲南民族出版社，1986年），頁25。

22 參見周智生：〈明代納西族移民與滇藏川毗連區的經濟開發──兼析納藏民族間的包容共生發展機理〉，《思想戰線》2011年第6期。

23 參見趙心愚：〈和碩特部南征康區及其對川滇邊藏區的影響〉，《雲南民族學院學報》（哲學社會科學版）2002 年第3期。

24 參見〈白松鄉納西族社會歷史調查報告〉，中國人民政治協商會議甘孜藏族自治州委員會：《甘孜州文史資料》（第十八輯）（2000年），頁261-266。

生子女社會地位相同，母親的社會地位亦不受影響。還有少數女子出嫁後終生留在娘家，並在娘家生育子女，待孩子四五歲之後才由男方帶回撫養。不管是否是親生的後代，丈夫都必須承認其為自己的子女。男女婚後仍保留性自由，雙方不管誰與第三者發生性關係，既不受社會輿論和法律的約束，一般也不會傷害夫妻感情。當地社會中舅父的權利極大，盛行「天上雷公，地下母舅」的說法，部分村落中外甥和外甥女有權繼承舅父的財產，其婚事舅父亦有權干預。[25]

三　保留母系遺存的怒族父系繼嗣制度

傳說中怒族的始祖是一位名叫「茂英充」的女性，反映了該族早期曾經歷了母系氏族社會階段。在母權制社會中，與母系血統的繼承相對應的是母系財產的繼承，而與財產的繼承相對應的是當時的婚姻制度中存在著「男子出嫁，女子娶夫」的現象。這樣的習俗在怒族民間還有廣泛的流傳。

此外，舅父權是母權制社會的殘餘之一。在現在怒族的社會生活中，舅父權仍然有較為突出的保留。例如，「奧剖」（舅父）這一稱謂的含義就是「最尊敬的父輩」。怒族還有諺語說：「天下最長的是道路，親間最長者為舅父。」在習俗上，外甥女出嫁時，舅父要收受一頭牛的彩禮；外甥在舅父面前不許亂開玩笑，以示對舅父的敬重。這種禁忌觀念較之在父母面前更為嚴格。如果外甥婚後不育，便會被認為是得罪了舅父的緣故，夫婦照例必須置備酒肉，雙雙去舅父家拜謁舅父，虔誠地懇求舅父「恕罪」。舅父的權利還體現在財產繼承權

---

25 參見《中甸、維西納西族婚喪習俗》，《民族問題五種叢書》雲南省編輯委員會、《中國少數民族社會歷史調查資料叢刊》修訂編輯委員會：《納西族社會歷史調查》（一）（北京市：民族出版社，2009年），頁56。

上。如果舅父死後族內沒有近親料理善後而由外甥料理，外甥可以繼承舅父的一部分財產。同時，舅父也有撫養孤兒外甥的義務。

怒族社會還普遍保留著氏族公社的殘餘，若干有血緣關係的家族聚居到一起，形成一個村寨，每個村寨有一個頭人，負責管理內部事務。例如，碧江縣的普樂村有 188 戶怒族，分屬於「臘老姚」（虎）、「臘蚌姚」（熊）、「臘裏姚」（麂子）、「臘烏齊」（蛇）、「臘快姚」（岩縫裏鑽出來的人）等 5 個氏族。這些氏族的名稱很可能是他們古代的圖騰。很多氏族（除非是新遷來的）都有自己的公地，本氏族成員可以自由開墾，開墾後的土地個人僅有使用權，如果要變成私人所有，必須向氏族購買。到 1956 年，可耕的公荒地已經很少了。

在社會生活中自然產生的氏族頭人（阿莫染）一般都是作戰勇敢、辦事公正的人。有事大家都去請他解決，自然而然地他就成為公眾領袖。氏族頭人的主要職責是管理氏族的內部事務，排解糾紛，對外則領導群眾抵抗外族的壓迫和掠奪，因此在群眾中享有很高的威信。頭人沒有特殊的權利，只是在調解糾紛時，雙方當事人要送點小禮物給他，但他也要拿酒給大家喝。頭人沒有絕對的權利，凡較大的事情，都要經過全氏族的男子商議。頭人也不能世襲，沒有形成固定的統治集團，但他們一般是生活較為富裕的人。頭人沒有一定的任期，一般是上一任老死之後，再產生下一任。國民政府進入怒江地區之後，有個別頭人告老辭職的，也有被撤換的。例如，知子羅村的頭人「色局」就因為辦事不公，激起公憤，被群眾撤換。[26]

怒族早期實行過母女父子連名製，後轉變為父子連名製。1956年的調查資料顯示，怒族在距當時 8 代之前還採用父子連名製。根據

---

26 參見《怒族社會概況》，《民族問題五種叢書》雲南省編輯委員會、《中國少數民族社會歷史調查資料叢刊》修訂編輯委員會：《怒族社會歷史調查》（北京市：民族出版社，2009年），頁13。

傳說，怒族的始祖名叫「密以從」（意為從天上下來的人），相傳到當時已有 63 代。他們的口傳家譜（譯音）如下（按幼子推算）：

> 密以從、從足人、阿都都、都沙布、沙布必、必那沙、那沙以、以納比、納比歡、歡米滋、米滋報、報以簡、以簡聘、聘狂來、狂奴德、奴德報、報息了、息了威、威韋求、求衛山、山喝洛、喝洛希、希麻奴、麻奴白、白誇壽、誇壽丁、丁拉馬、拉馬獨、獨拉裏、拉裏瓜、瓜息亞、息亞杯、杯紅姊、紅姊土、土南亞、南亞巧、巧丙蘇、蘇杯寬、阿寬寬、阿林林、林普怎、怎勞莽、勞莽丁、丁老巧、巧威楚、楚拉杯、杯楚雀、赫布納、納毫脫、四果勇、木以彪、彪亞怎、怎麥特、特勞安、安勞威、老沮、老恩、老威、老吼、豪果、怎魯、老盤、阿納。[27]

家譜對於怒族至關重要，據說幾百年前怒族人和傈僳人爭奪一片土地，雙方都說這塊土地原來就是他們祖先遺留下來的，爭執了三天三夜。後來，一個怒族婦女數出了自己的家譜，證明怒族在傈僳族之前就居住在這裏，這樣，傈僳人才無話可說。怒族的家譜就這樣一代一代地口傳下來，很多老人都能數出自己的家譜。

怒族社會是一夫一妻制的個體家庭經濟。家庭由父母和未婚子女組成，父親是家長，實行幼子繼承制，世系按父系計算。兒子們結婚後，除了幼子因贍養父母而與父母共居外，其餘的都要另行安家定居。分出的小家庭在生產生活上仍然與父母和整個家族保持著共同耕

---

27 《怒族社會概況》，《民族問題五種叢書》雲南省編輯委員會、《中國少數民族社會歷史調查資料叢刊》修訂編輯委員會：《怒族社會歷史調查》（北京市：民族出版社，2009年），頁45。

作和相互協助的關係。外嫁的女兒沒有財產繼承權。

在這種一夫一妻制的父權家庭中，婦女的社會地位很低下。婦女沒有財產繼承權，個別女子因父母無子而留在娘家招上門女婿的，則由夫婿繼承財產。這些婦女在家中的地位雖然略高於嫁出的女子，但絕不能超越丈夫。招贅上門的例子並不多見。一是因為由父權的財產繼承權會導致本家族合法繼承者的排斥；二是在以男性為中心的社會中，人們在觀念上認為做上門女婿是沒有「出息」的人，因而不願為之。幼子繼承制的形成與確立和怒族早期的群婚風俗有關，由於男女婚前性關係的放任，所生長子不一定是丈夫的婚生子，為了保持父系直系血親的純潔性，因而確定了幼子繼承制。

雖然離婚的情況不多，但女性在婚姻中仍處於不利的地位。按照習慣，如果男方要休妻，只要送一頭牛給妻子「遮羞」就可以了。如果女方提出離婚，就要加倍賠償結婚時男方所送的彩禮。由於婦女在家庭經濟中沒有地位，實際上婦女不可能提出離婚要求。離婚後，女方除本身的衣服及飾物外，家庭財產全部歸男方所有。

寡婦再嫁，不會受到社會歧視和干涉，所以怒族地區寡婦很少。丈夫死後，妻子即回娘家待嫁。但寡婦的婚姻仍由丈夫家做主，所得彩禮也歸丈夫家所有。與初次婚嫁相比，寡婦再嫁的聘禮較少，如初次婚嫁聘禮一般為 5 至 8 頭黃牛，則寡婦再嫁只需 1 至 2 頭黃牛。如寡婦再嫁屬轉房婚，則無須任何彩禮，只要由當事人通知家族成員，殺豬煮酒請大家吃一頓飯，即算完成轉房手續。[28]

---

28 參見何叔濤：《雲南民族女性文化叢書·怒族——復蘇了的神話》（昆明市：雲南教育出版社，1995年），頁15。

四　確立父系繼嗣制度的獨龍族社會

　　20 世紀 50 年代以前，獨龍族是典型的父系家長制社會，家族成員共同生活和勞動，土地、財產和糧食為大家族共同所有。私人財物僅涉及男子的弓弩、長刀和婦女的首飾。家長由家族中輩分較高的男子擔任，負責安排生產、管理糧食，並代表家族出席氏族會議。隨著生產力的發展和私有制的逐步確立，父系大家族逐步開始向一夫一妻制的小家庭過渡轉化。已婚的兒子從大家族中分離出來，組建獨立的小家庭，家族的財產由幼子繼承。

　　在繼承法方面，大家族中的財產除個人的首飾和武器之外，一切均為公有。分居的兒子一般可以得到一口鍋或一個三腳架。無子的夫妻可以招贅，但入贅者僅限於「丈人種」家族的男子，也有極少數人招怒族或傈僳族人入贅。獨龍語中將從妻居稱為「木帕樓」。收繼養子的情況極其罕見，絕後家族的財產由其親近的子侄繼承。[29]

　　新中國成立後，獨龍族聚居的獨龍江被劃為貢山縣第四區，由北至南共設 4 個行政村。獨龍族的小家庭一般包括夫婦及其子女，三代同住的情況不多見。到 1957 年，全區共有獨龍族 329 戶、2,251 人，每戶平均人口都在 6 人以上，略高於當時內地的戶均人口數。事實上，1957 年之前的 25 年，獨龍江的戶口數還要遠小於上述統計資料。據歷史資料顯示，1932 年國民政府在茂頂設置公安局時，當時全區僅有 240 戶、2,500 人，平均每戶有 14 人；1955 年第四區的統計資料顯示獨龍族有 273 戶、2,324 人，平均每戶 8.5 人。在 1955 至 1957 年的短短 2 年時間裏，戶數就增加了 56 戶。其主要原因有二：

---

29 參見《獨龍族社會情況調查》，《民族問題五種叢書》雲南省編輯委員會、《中國少數民族社會歷史調查資料叢刊》修訂編輯委員會：《獨龍族社會歷史調查》（一）（北京市：民族出版社2009年），頁9。

一是獨龍族原先盛行大家庭公社制度，弟兄娶妻後並不分家，因此每戶人口平均都在 10 人以上；二是 1909 年夏瑚在獨龍江設置「俅管」之後，獨龍族逐漸受到內地漢族和周邊傈傈族的影響，實行婚後分居，因此戶數逐漸增多，戶均人口減少。[30]

獨龍族的氏族名稱，大多以該氏族的某些特徵命名，常習慣以各地的自然村名來命名和稱呼。根據 20 世紀 50 年代末的調查，獨龍江地區約有 15 個氏族，即木金、當生、木仁、木江、龍吳、江勒、姜木雷、凱爾卻、孟登木、芒庫、都洞、甲貢、蘭旺多、旺錢拉、德楞登。在這 15 個氏族之下，還有 54 個各自命名的家族。[31]一個世系群的成員使用同一個姓氏，如龍棍・及次・嬏，分別表示姓、父名和排行（大女兒）。首先，每個人的名字把世系群、家族和個人連接在一起，表明世襲繼承的關係。其次，每個「克恩」（世系群）以天然的山峰、谷地、河流、樹木或漁口為界，以土地公有為全「克恩」成員共居一地的基礎，公共耕地稱為「奪木古」。再次，「克恩」的頭人「卡桑」由有能力、有經驗、善言辭的男性擔任。在「奪木古」上的春播秋收由「卡桑」統一召集，同世系群各個大家族成員共同參加。最後，在同一個「克恩」內，各個大家族有互助及贍養孤寡者的義務，內部財產嚴禁外逸，同族叔伯兄弟享有財產轉承的權利。

以長屋為標誌的大家族所起的社會職能主要包括：各個長屋代表的大家族「宗」在消費上實行共用共食制，各個火塘輪流燒火做飯，一個火塘的儲糧用畢，即輪到其它火塘盡義務；家族長「吉馬抗」代

---

30 參見《獨龍族簡介》,《民族問題五種叢書》雲南省編輯委員會、《中國少數民族社會歷史調查資料叢刊》修訂編輯委員會：《獨龍族社會歷史調查》（一）（北京市：民族出版社，2009年），頁12。

31 參見蔡家麒：《藏彝走廊中的獨龍族社會歷史考察》（北京市：民族出版社，2008年），頁15。

表大家族參加制訂「克恩」的生產計劃；家族長所居小隔間是大家族會議的固有位置。家族長有教育子女、維護長屋內各火塘親族友善關係、調解糾紛的職能。

世系群（「克恩」）與大家族（長屋）在履行社會經濟職能時的相互依存性極為顯著。在土地所有、產品分配、對外事務、財產歸屬上都表現了世系群與大家族的緊密關係。所以，世系群有一套管理體制和社會經濟職能系統，起到了類似原始公社的作用。

儘管獨龍族社會在 20 世紀 50 年代以前已經顯示出典型的父系家長制特徵，但同時還保留著許多母系家庭公社的特點。當時獨龍族的婚姻形式中，存在著改變了形式的類似「普那路亞」婚姻的一種群婚制殘餘：他們所行使的固定的氏族（家族）環狀外婚制即是典型例證。

離婚後的女方，包括死去丈夫的寡婦，便攜帶尚未達到獨立生活年齡的子女和自己的財物，回到娘家。她們可以在娘家生產、生活，也可改嫁或招贅上門。

按照獨龍族的習慣法，父母死後家中的房屋、土地、牲畜、糧食和農具等歸各個兒子所有，但不平分。若無子嗣，財產歸家族成員所有。女兒只能繼承母親的掛珠、手鐲、耳墜之類的裝飾品。離婚的情況很少發生，如果要離婚則須請頭人和雙方家族長公斷，評理地點在男女家中都可以，雙方父母和親戚朋友都要參加。評理時，要以水酒、茶水招待。判決後，要刻下木刻，雙方各持一半保存，作為憑證。[32]

獨龍族的原始共產製家族公社通常是由三代人組成的大家庭，包

---

32 參見楊毓驤：《伯舒拉嶺雪線下的民族》（昆明市：雲南大學出版社，2000年），頁121。

括祖父母及其子孫。出嫁的女兒和女婿，都可以參加家族公社，在家族中與其它成員一樣處於平等地位。直到 20 世紀 50 年代，獨龍族仍然保留著出嫁的女兒領著女婿回娘家小住的習俗，女婿參加岳父家的生產成為必盡的義務，岳父家需要勞動力的時候可以隨時把女婿叫回來，女婿不能拒絕。如果岳父家的兒子年幼，女婿便要住在岳父家，幫助勞動，直到岳父的兒子長大時或者岳父母死去後才能離開，獨立組織自己的家庭，或者回到自己的家族公社裏。

獨龍族的氏族內部可以收留養子，一般選擇較為鄰近本氏族的成員，也可收養其它氏族的孤兒，使其成為本氏族的成員，但仍以親屬為多。養子在社會上看不出地位的低下，但在家庭經濟生活中處於低下的地位，如家中的重活往往由其承擔，穿衣、吃飯等也不如其它家庭成員。[33]

寡婦可以再嫁或三嫁，男方的父兄接納原來聘禮的一半，即可將寡婦嫁出，但再嫁的例子很少，因為根據轉房婚的習俗，妻子只要死了丈夫，不久就被丈夫的哥哥佔有了。私生子在社會中不受歧視，母親改嫁時，私生子可以隨母親一起到新的家庭生活，新的丈夫對於非親生子依然視為親生子一般。[34]

離婚如果由男方主動提出，則不需要女方家退還彩禮。但若因女方與人通姦而引發，則女方必須退還部分彩禮；如果是女方主動提出離婚或女方與人私奔，則女方家必須退還所有彩禮。婚後男方將女方

33 參見《雲南省貢山縣第四區獨龍族社會經濟調查總結報告》，《民族問題五種叢書》雲南省編寫組、《中國少數民族社會歷史調查資料叢刊》修訂編輯委員會：《獨龍族社會歷史調查》（二），（北京市：民族出版社，2009年），頁37。

34 參見《貢山縣四區三村孔當、丙當、學哇當獨龍族社會經濟調查》，《民族問題五種叢書》雲南省編輯委員會、《中國少數民族社會歷史調查資料叢刊》修訂編輯委員會：《獨龍族社會歷史調查》（一）（北京市：民族出版社，2009年），頁46-47。

逼死不受習慣法制裁，理由是男方在結婚時已經支付過彩禮，女方是作為商品被購買的，因此死活都是男方的人，女方家人不得過問。離婚時如果有兩子，則長子歸男方，次子歸女方，待女方再嫁生子後則應將次子送回給男方，如果女方離婚後終身不嫁則次子永遠歸女方。如果離婚時育有一子一女，則兒子歸男方，女兒歸女方；獨子或獨女都歸男方。嬰兒哺乳期和女方懷孕期間一般不能離婚。[35]由於離婚需要付出高額代價，這種由買賣商品關係所確立的婚姻關係使離婚的可能性日益降低。

五　三岩極端父系繼嗣典型

與藏族社會分佈廣泛的雙係繼嗣制度相比，分佈在西藏昌都地區貢覺縣三岩一帶的「帕措」和四川省甘孜州白玉縣和巴塘縣的「戈巴」宗族群體可謂是父系繼嗣制度的極端典型。「帕措」歷史悠久，至少可以追溯到 700 年前，是一種在當地特定的歷史條件下為維護家族自身利益逐漸形成的宗族組織制度，其組織以父系血緣關係締結而形成，父權在家庭中享有至高無上的地位，家庭財產由男子繼承。據 20 世紀 50 年代初期的調查統計資料，原三岩地區和芒康地區共有帕措 1,419 戶，其中僅三岩就有帕措群體 87 個、頭人 104 個。參見土呷《昌都歷史文化的特點及其成因》，載《中國藏學》2006 年第 1 期。直到 1996 年，三岩地區的羅麥、雄松等 6 個鄉還存在有 10 戶以上的帕措組織 57 個，共計 1,416 戶 8,464 人。[36]「戈巴」存在的歷史

---

35 參見《貢山縣四區茂頂、藍旺度獨龍族社會經濟調查》，《民族問題五種叢書》雲南
　省編輯委員會、《中國少數民族社會歷史調查資料叢刊》修訂編輯委員會：《獨龍族
　社會歷史調查》（一）（北京市：民族出版社，2009年），頁88。
36 參見中共貢覺縣委政法委：《試析貢覺縣帕措、果巴勢力》（2000年），頁4。

比「帕措」更為久遠，儘管當地的土著居民從嚴格意義上說不屬於藏族，但其早已將藏族文化視為自己的文化主體。和帕措一樣，戈巴組織拒絕一切女性，女性僅僅是作為部落之間聯繫的婚姻紐帶，是男性的附屬品「納加」（意為手中物），所有的部落男孩一出生便成為「戈巴」成員，享受平等的政治權利，共同承擔公共義務。家庭財產由父系血緣的男性親屬繼承，沒有男性後代的家庭將自動成為絕戶，其財產由本宗族組織接收。

在上述五類不同類型的血緣觀所決定的繼嗣制度中，男女兩性被置於截然不同的位置之上：藏族社會通行的雙系繼嗣制度為女性獲得基本的繼承權提供了基本保障，並成為女性獲得相應家庭與社會地位的重要基礎；自明代以後，北遷進入藏族聚居區的納西族雖然已經深受藏族影響在繼嗣制度上實行雙系制，但仍然在較大程度上保留了重視母系的傳統；從母系向父系社會過渡的怒族社會儘管還保留著不少母權遺跡，但已經得到認可的父權制繼嗣制度已經使女性喪失了大部分的繼承權；在父權制全面確立的獨龍族社會中婦女已經喪失了絕大部分的繼承權；作為極端父系繼嗣典型的「帕措」和「戈巴」組織中的婦女則完全喪失了獨立的繼承權，成為男性的附庸。從中可見，血緣觀念和繼嗣制度對一定社會中的性別權利有根本性的決定作用。

第二節　土地制度、資源配置與家庭內部的權利實踐

土地作為農業耕作中最為核心的生產資料，也是家庭存在的基本要素。土地所有制及地方性制度所經歷的變遷史為我們瞭解不同社會中家庭的立足之本提供了生動的案例，也成為分析一定社會中男女兩性性別政治問題的重要根基與出發點之一。

一　土地制度與資源配置

（一）傳統藏族社會的份地制度

　　雖然藏族聚居區的大部分地區適合牧業的發展，但從事農業的藏族人口仍然居大多數。[37]正如卡拉斯科所指出的那樣，在這樣一個將土地作為最重要的生產資料的地區，土地制度就越發顯示為社會結構的基礎，土地佔有權與所有其它社會活動密切相關，所有重要社會團體的結構——從家庭到國家——都能在土地制度中體現。[38]

　　以雲南的迪慶藏族聚居區為例，自唐代吐蕃東進藏族成為迪慶的主體民族之後，直至 1950 年以前，迪慶藏族聚居區的絕大部分地區實行的是被稱為「屬卡」的社會制度。從土地制度層面來看，屬卡是一種以地緣為基礎，在村社層面上形成的制度，起源於原始氏族組織瓦解之時。每個屬卡有自己的固定地域，由 2 個及以上的自然村組成，土地、山林、牧場供內部成員平等使用，類似於農村公社性質。同時，屬卡還是一種有效的社會分層制度。儘管內部成員之間相互平等，但成員並不擁有對耕種的土地和使用資源的所有權，真正控制屬卡的是當地寺院、領主和土司。按照規定，屬卡成員必須從寺院、領主或土司手中領取份地進行耕種，統治者則從中收取地租並攤派差役。作為一種社會制度，屬卡的統治者可以通過對生產資料的絕對掌控達到有效控制社會的目的。

　　屬卡的土地以「份」為計量單位，每份地為 720 架（1 架約為 3 畝，1 畝＝0.066 67 公頃。下同）。家戶是領種土地的最小單位，每戶一般可以領種一份地。中甸一帶的份地一般分為兩種：一種稱為「嘉

---

37 參見〔美〕皮德羅・卡拉斯科著，陳永國譯：《西藏的土地與政體》（拉薩市：西藏社會科學院西藏學漢文文獻編輯室，1985年）頁3。
38 同上書，頁2。

迪」（又稱為皇糧地），領種這類土地的農民需要繳納糧賦、負擔差
役，這類土地占耕地總面積的 90%；另一種土地稱為「羅迪」或「催
迪」（也稱為寺田），領種這類土地的農民不需要負擔官府賦役，但需
要承擔雜派勞役 22 種，此外還有宗教負擔。德欽一帶負擔寺廟差役
和地租的正戶稱為「取日」，負擔官府差役和錢糧的正戶稱為「東
瓦」，正戶除領種的土地之外，一般還佔有零星的小塊草場。[39]各個屬
卡之間的地域界線是分明的。由這種分明的村落邊界產生出兩種社會
意義：地理方位和產權觀念。[40]各屬卡的山林、土地、牧場等都有
「四至碑記，文約可憑」，屬卡的資源受傳統的習慣法即《古約》的
保護。如果屬卡的土地、牧場、山林受到侵犯，引起糾紛，小則通過
交涉、訴訟解決，無法通過談判解決時還常常引發械鬥。

　　屬卡時期的土地所有制以家戶為單位。屬卡的地位最高者被稱為
「老民」，也叫「頭人」，有的地方稱為「夥頭」；一般的屬卡正式成
員，即正戶，叫「百姓」。屬卡內部以戶為單位使用土地，不存在明
顯的性別差異，丈夫過世，妻子亦有權繼續擁有土地的使用權，即使
遇到土地被寺院搶奪的情況也可以憑藉土地所立憑據進行交涉。[41]由
於屬卡的土地歸統治者所有，各家戶所持有的土地只有使用權，人們
僅可以轉租或典當土地，而不能任意出售；各戶耕種的土地可以繼
承，但在沒有後嗣或遷出的情況下必須將土地交回。領種土地的家戶
還必須義務繳納賦稅並承擔各種勞役，有時還要為統治者無償耕種土
地，勞動中所需的口糧和勞動工具亦需要自備。領種土地者需要承擔
三大類的地租和勞役：一為實物地租，一般按照份地面積上交占實際

---

39 參見雲南省地方志編纂委員會：《雲南省志・卷六十一・民族志》（昆明市：雲南人
　　民出版社，2002年），頁517。

40 參見張佩國：《地權分配・農家經濟・村落社區——1900至1945年的山東農村》（濟
　　南市：齊魯書社，2000年），頁181-182。

41 參見王恒傑：《迪慶藏族社會史》（北京市：中國藏學出版社1995年），頁266。

收入 30% 左右的糧食，德欽一帶則以對半分苗的活租居多，除了糧食以外，草場、副業的產物以及田邊地角的經濟作物都要與領主對半分；二為貨幣地租，所佔比例較小；三為勞役地租，即領主向農奴攤派的各種「烏拉」差役，例如農奴每年平均要到領主家服役 40 天以上，多則 100 天以上，甚至長達半年，還要承擔多種雜派。[42]這些嚴格的制度使得土地的流動性受到限制，與漢人社會中「千年田八百主」的地權轉移情況[43]形成了鮮明的對比。

　　儘管租戶的負擔如此之重，但屬卡組織原有成員之外的人想加入並不是一件容易的事情。沒有門戶的人被稱為「沿巴」，如有需領種土地或自立門戶者，除了通過申請、立保等辦理正式加入屬卡的程序之外，還需要辦理書面手續。這種嚴格的村籍制度實際上反映了當地緊張的人地關係。根據規定，新加入屬卡的成員被稱為「熱潤」，他們一般是從原屬卡的世襲成員家庭中分離出來，並通過申請手續獲得屬卡組織批准認可的成員，也有部分是從外地遷入的人。但直到 20 世紀 50 年代，藏族之外的民族能夠加入屬卡者仍然極為少見。

　　2010 年夏天，筆者在德欽縣尼村調查期間遇到了一位身背乾柴的村民，經詢問得知他是 1948 年左右從雲嶺鄉逃難來到此地的漢人，由於當時無法取得屬卡成員的身份，也沒有自己的固定住房，導致他無法在當地安家落戶。沒有土地意味著他沒有當地的戶口，年近七旬的他至今也沒有組建家庭，只能孤身一人在村戶人家之間流動生存。由於沒有收入和家庭，老人的生計完全依靠為其依附的家庭做一些力所能及的活計換取生存必需的口糧和基本的住處。在過去的 60

---

42 參見雲南省地方志編纂委員會：《雲南省志・卷六十一・民族志》（昆明市：雲南人民出版社，2002年），頁517-518。

43 參見張佩國：《近代江南鄉村地權的歷史人類學研究》（上海市：上海人民出版社，2002年），頁79。

年中，他已經在 10 多戶家庭中流動生活過，這樣的情況還將繼續，他只希望能為生存找碗飯吃，尋個住處。與老王情況相似的還有一些早期不屬於屬卡成員的「從屬性居民」，如裁縫、屠夫以及喪葬師等，他們的土地要麼來源於親屬的饋贈或租借，要麼根本就沒有土地。他們的後代只有通過嫁入當地的家戶，才能成為屬卡的正式成員。除非別無他法，否則願意與這些從事「卑賤」職業的從業者家庭聯姻的人家微乎其微。這些外來者難以獲得屬卡成員身份的情況與人地關係同樣緊張的江南漢族農村如出一轍。當地的村籍不僅反映了村落的社群關係，實際上涉及的是對物（主要是土地）的分配問題。[44]

明代木氏土司控制迪慶之後，除徵收土地稅、酥油稅和金稅三大稅種之外，還在中甸等地採取耕田免稅、荒地加稅的辦法鼓勵開荒。在各種苛捐雜稅不斷加重百姓負擔的同時，耕田和墾荒對勞動力的需求極大地助長著人們聚集家庭人口與財產的現實心理，能夠有效地實現上述目的的多偶制亦受到推崇。清代中期以後，隨著格魯派勢力在迪慶藏族聚居區的強盛，屬卡與宗教勢力之間的聯繫進一步增強。居住在德欽地區的各屬卡正式成員分別從當地寺院和土司手中領種份地，並向他們納糧、服勞役；而沒有門戶的佃戶只能從寺院和土司那裏租種土地，生活境遇更差；社會的底層還有為數不少的奴隸。到清代後期，屬卡內部的份地分配開始出現不均衡，戶與戶之間產生明顯的差異，各屬卡之間也出現了強弱之別，屬卡之間和屬卡與寺院之間的矛盾不斷激化。[45]在甘孜地區，一份調查資料詳細記錄了 1940 年當地不同農民階層的數量（見表 2-1）[46]。

---

44 參見張佩國《近代江南鄉村地權的歷史人類學研究》（上海市：上海人民出版社，2002年），頁96。

45 參見王恒傑：《迪慶藏族社會史》（北京市：中國藏學出版社，1995年），頁243-245。

46 參見〔美〕皮德羅・卡拉斯科著，陳永國譯：《西藏的土地與政體》（拉薩市：西藏社會科學院西藏學漢文文獻編輯室，1985年），頁66。

表 2-19　個藏族村莊農民的土地分配狀況

農民種類	家庭（戶）	所佔比例（%）	土地（英畝）	所佔比例（%）	每戶平均土地（英畝）
交稅農民（差巴）					
奴隸（科巴）					
寺廟屬民（拉臣）					
從屬居民（塔都）	56	10.22	9.10	0.63	0.16
總計	548	100.00	1,455.60	100.00	2.65

　　表 2-1 中的資料清晰地反映，當地的土地大部分集中在繳稅農民的手中，其它三種性質的農民所掌握的土地僅僅是一小部分。土地的主人幾乎都是控制當地的土司和寺院僧侶，不需要繳稅的耕地微乎其微。在組成農奴的兩類人群中，「差巴」意為當差的人，是土司直接管轄的農奴；「科巴」意為所需要的人，是土司和寺廟管轄的農奴。農奴對農奴主服役的多少，取決於其從農奴主處領種土地的面積大小。「差巴」和「科巴」的主要區別在於後者從土司或寺院領種的土地面積小於前者，除一年中的大部分時間為土司頭人和寺院無償勞役外，一般沒有其它「烏拉」差役和實物貢賦負擔。奴隸位於社會的最底層，人數不多，主要從事家務勞動和充當隨從，其所生子女仍為奴隸。從屬居民「塔都」是農奴社會的流浪戶，他們不入當地戶籍，可以自由遷徙，但沒有政治權利。[47]

　　迪慶的情況與之類似，到 1949 年，在整個迪慶藏族聚居區範圍內，土司和喇嘛構成的僧侶貴族占總人口數不到 10%，卻佔有全區絕大多數的牧場、山林和農田；而占總人口達 78% 的農奴，只佔有極

47 參見《甘孜藏族自治州概況》編寫組：《四川甘孜藏族自治州概況》（北京市：民族出版社，2009年），頁71-72。

少量的土地，有的甚至沒有土地。[48]屬卡成員所能領種的有限土地面積及自立門戶的苛刻條件常常導致無力承擔門戶負擔的百姓自願放棄門戶，形成所謂的「絕戶」。據統計，到 1949 年以前，德欽地區已經有將近 1/5 的家庭出現了絕戶[49]，無地的佃戶比例高達 70%[50]。自願出戶的百姓必須交出原來立門戶時所繼承的土地、房屋、傢俱以及家畜。這種情形表明，屬卡的部分普通成員實際上已經成為喪失從前村社成員身份的農奴。[51]

清代迪慶藏族聚居區的屬卡制度所反映的農業形勢和稅收制度與西藏古代王朝時期的情形仍然十分相似。雖然距藏王牟赤贊普所推行的意在保持農民的平均分配製度的三次窮富平均政令已經過去了 1,000 多年[52]，但農民家庭作為收稅單位和稅收來源的基本制度仍然頑強地延續了下來。對於普通的繳稅農民來說，土地是極其寶貴的資源。但由於門戶份地制度僅允許租戶使用土地，禁止轉讓、典當和買賣[53]，在如此尖銳的人地關係矛盾背景之下，土地對當地人的重要程度可想而知。繼承土地是他們維持生計的唯一方式，家戶不得不採取各種措施最大限度地保證土地和財產不被分散，以確保家人的生計得以延續。因此，以集聚土地和勞動力為主要目的的多偶制自然受到人們的追捧，並伴隨著土地制度一直傳承下來。

在昌都地區，生產關係與其它藏族聚居區類似，其社會體制大體

---

48 參見王恒傑：《迪慶藏族社會史》（北京市：中國藏學出版社，1995年），頁315。

49 參見王恒傑：《迪慶藏族社會史》（北京市：中國藏學出版社，1995年），頁314。

50 參見雲南省地方志編纂委員會：《雲南省志・卷六十一・民族志》（昆明市：雲南人民出版社，2002年），頁517。

51 參見王恒傑：《迪慶藏族社會史》，（北京市：中國藏學出版社，1995年），頁115-118。

52 參見〔美〕皮德羅・卡拉斯科著，陳永國譯：《西藏的土地與政體》（拉薩市：西藏社會科學院西藏學漢文文獻編輯室，1985年），頁13。

53 參見王恒傑：《迪慶藏族社會史》（北京市：中國藏學出版社，1995年），頁237。

上屬於封建農奴制類型，自然經濟占絕對優勢，社會中只有兩個對立的階級——領主和農奴。領主包括西藏地方政府、貴族（包括大頭人）、寺廟。西藏地方政府和呼圖克圖佔有全區的土地；貴族和寺廟佔有和使用全區的部分土地。農奴主要是差巴、俄惹（呷劄），只有使用土地的權利。另外，還有部分奴隸階層（如差約、正約、枯巴）。除政教合一的呼圖克圖的封地外，中小領主沒有處理土地所有權的許可權；貴族只可以買賣、抵押土地的永久或暫時佔有權；差巴只可轉移、抵押土地的使用權。農奴附著在所耕種的土地之上，其最終的人生所有權屬於最高領主。農奴給領主繳納地租的主要形式是勞役和實物。[54]

　　在 20 世紀 50 年代初的民主改革前，占迪慶州人口 55% 的藏族社會形態是封建農奴制，其中個別地區還有奴隸莊園制的殘餘。[55]雲南全境解放之後，針對邊疆民族地區的具體情況，雲南省提出了「和平協商」的土地改革方式，涉及現今行政區劃中的 29 個縣（市），人口 160 萬。其中，僅有中甸、德欽、寧蒗等 6 個縣全部實行和平協商土地改革政策，其餘的 23 個縣（市）都只在部分地區實行。[56]到 1956 年，上述大部分地區都順利完成了土地改革，但於 1956 年和 1957 年引起了滇西北的中甸、德欽、維西、寧蒗等藏彝地區的激烈反抗。當時，四川西部的康巴地區在西藏「噶廈」地方政府的策動下引發動亂，並波及迪慶地區。各大喇嘛寺召開秘密會議，攤派門戶兵

---

54 參見《昌都地區社會歷史調查資料》，見西藏社會歷史調查資料叢刊編輯組、《中國少數民族社會歷史調查資料叢刊》修訂編輯委員會：《藏族社會歷史調查》（四）（北京市：民族出版社，2009年），頁28-29。

55 參見中共迪慶州黨史徵集研究室：《封建農奴制度在迪慶的覆滅》（大理市：大理印刷廠，1993年），頁5。

56 參見當代雲南編輯委員會：《當代雲南簡史》（北京市：當代中國出版社，2004年），頁132。

和「烏拉」、「差役」、「書卡」（即「屬卡」）緊密配合，舉起「保族」、「保教」旗幟，反對民主改革運動。[57]在1950年4月解放軍進駐此地之前，迪慶藏族聚居區還處於政教合一的封建農奴制統治之下。因此，雲南省委根據藏族聚居區文化複雜、社會發展不平衡和政權不穩定等因素，依照中央的指示精神及省內各地區的實際情況，將迪慶州內不同的民族地區劃分為「緩衝區」與「和改區」進行土地改革。[58]

針對當地少數民族上層的具體情況，黨和政府提出了「政治為主，軍事為輔」的原則，提前對這些地區進行民主改革。事實上，除少數上層人物參與反改革運動外，大多數的藏族群眾對此都持觀望態度。當地實行了民族區域自治之後採取和平協商方式進行土地改革，此項工做到1958年9月全部結束。[59]改革使得過去無田無地、少田少地的農民分到了土地，並在國家的大力幫助下解決了耕牛、農具等需求，從而促進了當地生產、貿易和文化事業的發展。同上書，第136頁。德欽全縣共完成改革地區2,678戶，沒收徵收土地23,414畝，劃分地富戶161戶，其中地主124戶、富農37戶；分田戶約占總農戶的50%，每人分得土地1.3畝[60]，逐步實現了「耕者有其田」。

（二）川滇交界區納西族社會的土地制度

直到1950年，川滇交界區的納西族土司地區還完整保留著封建領主制度。凡土司轄區的一切土地、山林均屬土司所有，其中一部分

---

57 參見雲南省地方志編纂委員會主編：《雲南省志·卷六十一·民族志》（昆明市：雲南人民出版社，2002年），頁514。

58 參見劉彥、張禹：〈雲南藏區民主改革口述史之個案調查〉，《思想戰線》2010年S2期。

59 參見當代雲南編輯委員會：《當代雲南簡史》（北京市：當代中國出版社，2004年），頁135。

60 參見德欽縣志編纂委員會：《德欽縣志》（昆明市：雲南人民出版社，1997年），頁84。

是由土司及其「司沛」（貴族）直接佔有的官地，另一部分則是「責卡」（農奴）租種的份地。根據永寧一帶的統計資料，官地占 31%，份地占 59%，其它性質的土地占 10%。土司的官地由農奴負責耕種，一般情況下種子由土司出，每戶農戶要出 30 個左右的人工和 20 多個牛工，另有馱馬 10 多匹次、肥料一兩百斤。貴族的官地則由自己的家奴負責耕種。除了耕種官地外，農奴還要向土司納貢。納貢實物以村分派，村內又按土地股份分攤。主要類別包括逢土司去世、土司長子「穿褲子」成丁禮、土司兒子結婚每村各出 1 匹馬，土司太太去世、土司女兒「穿裙子」成丁禮和結婚每村各出 1 頭牛。外來遷入的漢族由土司發給「紅照」，劃出一片荒地供其開墾耕種，但要支付相應的押金和地租，外來佃戶較多的地區還專設了漢族保正代替土司催收租糧。[61]

（三）從原始公有向個體私有轉變的怒族土地制度

由於自然條件和歷史原因，分佈在怒江不同區域的怒族生產力發展程度存在差異，土地制度也不同。怒族土地制度主要包括原始公有、夥有共耕和個體私有三大類。

（1）原始公有制主要集中在怒江西岸原碧江和福貢兩縣較為古老的怒族村寨。這些土地主要是高寒山區和未開墾的荒地，凡屬本氏族、本村或家族的成員均可自由開墾和使用，也可世代傳承，不耕種時可轉讓但禁止買賣。

（2）夥有共耕所有制是怒族社會經濟中占主導地位的土地所有制形式，普遍存在於各村寨和家族成員間。原碧江一帶稱其為「棉阿白」，貢山怒語稱之為「猛卡麻」，這是從原始公有制向個體私有制轉

---

61 參見郭大烈、和志武：《納西族史》（成都市：四川民族出版社，1994年），頁494。

化過程中的一種過渡土地所有制形式。共耕的特點是，氏族成員共同佔有一塊土地，以共同勞動和互助的方式平均出勞力、種子、牲畜，收穫也按戶平分。夥有耕地的佔有形式包括家族夥有、開荒者夥有、共同買地夥有和姻親夥有四種形式，其中以前兩種為主。在私有制不斷發展的過程中，夥有耕地逐漸發生轉讓和買賣，有的則被不斷分割，最終導致崩潰瓦解。[62]

（3）私有制的產生和發展是以原始公有制和夥有共耕制的不斷衰亡為基礎的。到 1956 年時，怒江地區的大部分土地已經為個體農民所有，土地買賣現象較為普遍，但仍然保留著一些公有制的參與，明顯地表現在公有荒地可以自由開墾及土地共耕關係上。

從土地制度的分配區域上看，原碧江一帶的怒族農業耕作技術比福貢和貢山一帶粗放，生產發展較為落後，刀耕火種是其主要耕作方式。福貢一帶因地勢、土壤等條件優於前者，加之交通條件相對優越，便於購置農具，因而鋤犁耕作技術比碧江一帶先進；個體經濟發展水準較高，公有土地保留較少，但仍保留著個體成員共同佔有的集體耕地。貢山一帶由於深受藏族和納西族的影響，生產力發展水準相對較高，已經形成了以地緣關係為紐帶的村社，在村社內部存在兩種土地所有制，即村社內未經墾耕的山地和森林屬於村社所有，經過墾耕的土地歸個體家庭所有。此外，還有部分個體家庭間的共耕地。雇工和借貸關係均已存在，實物借貸多半是租借牲畜、糧食，同時已經發生土地抵押和蓄奴現象。

（四）公私併存的獨龍族土地制度

在 1950 年以前，個體家庭私有共耕及私有私耕的土地是主要的

---

62 參見雲南民族事務委員會：《怒族文化大觀》（昆明市：雲南民族出版社，1999年），頁286-288。

土地佔有形式。據 20 世紀 50 年代對第二行政村的調查顯示，私有土地占全部耕地面積的 69%。這種佔有形態首先從小家庭在住房附近經營的園地開始，越往後範圍越大，熟地、水冬瓜樹地甚至火山地也逐漸被鐵製生產工具和勞動力較多的人戶占為已有，自家耕種收穫物歸自家。即便採用夥耕的辦法，也按照所出勞動力和種子的數量來分配糧食。個體家庭佔有制的鞏固和發展，標誌著原始公社已走向徹底的崩潰和沒落。

　　從整體上看，獨龍族傳統的土地制度基本上可劃分為三種形態：①家族公有共耕。獨龍語稱為「奪木枯」，這種土地屬家族公社所有，實行集體耕種，共同分配收穫物。根據 1957 年對獨龍江第三行政村 3 個家族土地的調查，3 個家族公社共有共耕地 30 畝，占公社全部耕地的 48%。②夥有共耕。獨龍語稱為「奪木奢」，即幾戶公社成員共同佔有一片耕地，共出種子，共同勞動，收穫物按戶及種子量平均分配。上述 3 個家族共有這類土地 659 畝，占總耕地的 86.5%，是 3 個公社主要的土地佔有形態。③私有共耕及私有私耕。主要是園地及部分水田。3 個公社共有私人園地 35 畝、水田 33.4 畝，占總耕地 762 畝的 8.7%，其中主要是頭人佔有。[63]

　　村寨頭人佔有較多優質的土地。他們在土地的分配管理、居民的遷徙、新社員的吸收、宗教活動的進行乃至爭端的調停和婚喪禮儀的主持，都具有很大的權利。家族長作為家族公社的首領，擁有分配資源的權利。家族公社最主要的特徵是共有共耕、平均分配，按血緣關係組成的家族公社，共營「公共房屋和集體住所」。但因生產發展、人口增殖，生產上集體的規模逐漸縮小，甚至發展為個體進行，土地

---

63 參見《獨龍族簡介》，《民族問題五種叢書》雲南省編輯委員會、《中國少數民族社會歷史調查資料叢刊》修訂編輯委員會：《獨龍族社會歷史調查》（一）（北京市：民族出版社，2009年），頁17-18。

變為「共有私耕」，房屋園地為家庭私有，共同生產、平均分配的家族公社發生了變化，作為消費單位的個體家庭變成了社會的生產單位。家族和血緣親疏關係不再是佔有的前提；只要是村社成員，不脫離村社，都可以分到一份土地，離開村莊則必須交還。基於這種土地為村組集體所有的性質，個人與土地之間僅僅是佔有關係，離開集體，個人是不存在的。正如馬克思所言：「在東方，財產僅有公社財產，個別成員只能是其中一定部分的佔有者，或是世襲的或是不世襲的。」[64]

獨龍族的「共耕」可以看成是在生產力落後的情況下人們團結對抗自然的一種策略。耕地仍然是部落的財產，最初是交給氏族使用，後來由氏族交給家庭公社使用，最後便交給個人使用；他們對耕地或許有一定的佔有權，但是沒有更多的其它權利。每個家庭佔有土地，首先是建築住所，每個人可以選擇自己看中的地方建住所。農村公社既有公有因素又有私有因素，是原生的社會形態的最後階段，同時又是向次生形態過渡的階段，即從以公有制為基礎的社會向以私有制為基礎的社會過渡。

上述 4 個民族所生活的社會中不同的土地制度和資源配置方式決定了其社會結構中存在不同的婚姻與家庭形態。長期存在於藏族和納西族移民社會中的份地制度決定了其以一夫一妻制家庭為主、多種婚姻形態併存的基本結構特徵；而在從原始公有制向個體私有制過渡的怒族和獨龍族社會中，伴隨著原始公有制的崩潰和個體私有制的確立，生產力的發展促使土地所有權快速發生變化，父權制的一夫一妻制家庭逐漸成為社會結構的主體。階級的形成對於男女兩性所產生的影響顯而易見。[65]因此，儘管婦女在上述社會中一直是重要的勞動

---

64 馬克思：《論資本主義以前諸社會形態》（北京市：文物出版社，1979年），頁308。
65 參見〔美〕湯瑪斯・派特森著，何國強譯：《馬克思的幽靈——和考古學家會話》
　　（北京市：社會科學文獻出版社，2011年），頁192。

力，尤其是在男子大量脫離生產勞動的藏族和納西族社會中，但她們並未因此獲得相應的生產勞動支配權，社會的生產活動仍然主要掌握在男性手中。

二 民居佈局與家庭內部的權利實踐

家庭的住所是一家人生活起居的主要空間，也是家庭成員關係尤其是兩性之間的親密關係發生較為密切且集中的場所。這正如馬淩諾斯基（馬林諾夫斯基）所言：

> 家庭的物質設備包括居處、屋內的布置、烹飪的器具、日常的用具，以及房屋在地域上的分佈情形，這一切初看起來，似乎是無關輕重的，它們只是日常生活的細節罷了。但事實上，這些物資設備卻極精巧地交織在家庭的法律、經濟、道德等各方面。[66]

（一）藏族

藏族聚居區牧民大多居住在用犛牛毛編織的黑色帳篷裏，農區則多為用土坯和石塊壘成的兩層樓房，一般上層住人，下層圈養牲畜。[67]傳統的藏房大多為三層土木結構的平頂碉樓。一層是牲畜圈，大多光線黑暗，氣味難聞；二層為人們生活起居之所，陽光充沛，通風乾燥；三層是經堂，是整棟房屋中最為整潔和清淨之所。各層之間由坡度極陡的獨木梯相連相通。

---

66 〔英〕馬淩諾斯基著，費孝通譯：《文化論》（北京市：華夏出版社，2002年），頁43。
67 參見中國科學院青藏高原綜合科學考察隊：《西藏農業地理》（北京市：科學出版社，1984年），頁7。

　　房子由石塊和黏土夯實而成。房屋厚重的牆體被認為同時具有保暖和防禦的功能。外牆漆為白色，窗框和門框上描繪著俗稱為「藏八寶」的寶傘、金魚、寶瓶、妙蓮、右旋白螺、盤長（吉祥結）、勝利幢、金輪的「八瑞相」（或稱「八吉祥徵」）圖樣（紮西達傑）。這是一組最為常見的藏傳佛教圖樣，象徵著吉祥、圓滿和幸福；窗櫺上飄掛著由紅、綠、黃、藍、白 5 種顏色組成的橫簾（沙木），分別代表著苯教中火、水、地、天和雲 5 種本源。在藏族群眾看來，被風吹動的經幡象徵著默念經文，與轉經筒具有同樣的意義，因此在風能吹過的山頂、河邊、樹梢等地方都可以懸掛祈願的經幡。屋頂被設計成平臺（貢嘮），角落建有白塔。房屋內部的牆壁也是人們進行空間裝飾的主要對象。傳統的房屋內壁主要進行彩繪，現在也可以在市場上買到印刷好的成品直接張貼。常見的圖樣包括「祥瑞四獸」（兔子、小鳥、猴子、大象）、「蒙人馭虎」、「財神牽象」、「六長壽」及「十相自在圖」等。

　　在人們從事大部分活動的第二層，廚房的位置居中，並且佔據了大部分的空間。這裏的空間以爐灶為中心，分為左右兩個部分，圍繞爐灶放置的卡墊是人們入座的地方，婦女必須坐在爐灶的左面，男性及客人則坐在爐灶的右面，不可混淆。類似的性別空間劃分同樣也存在於牧區藏族群眾的帳篷中，人們將男女兩性活動的空間分為陰陽兩帳，陰帳與陽帳同樣以爐灶為界線，經堂設置在陽帳一方，處理各種肉類食品的工作也必須在陽帳處進行。晚上的就寢格局也是如此。假如秩序混亂，那麼「天神將會發怒，人畜將會遭災」。[68]

　　從其外在造型和使用功能的角度來看，傳統藏族民居所體現的外部的堅實、沉穩、安全以及內部的繁複和精緻無疑體現著當地人的審

---

68 參見吳傑：〈淺析藏族民居帳篷裏的空間結構與信仰〉，《青海師範大學民族師範學院學報》2011年第1期。

美旨趣，建築的內部格局同時也體現著居住其中的人們所期待的性別
文化象徵。近年來，尼村藏族群眾的家庭空間劃分正在悄然發生著變
化：房屋數量的增加導致了廚房與客廳的分離，臥室成為更加獨立的
私密空間。公共空間的縮小與私人空間的擴大趨勢不僅是當地人生活
水準提升的外在表現，也體現了年輕人在家庭中整體地位的上陞——
因為他們可以擁有更多的獨立空間以脫離長輩的監督，家庭成員之間
的關係也日趨私人化。

　　有研究發現，藏族民居即使是在雜居文化背景下也呈現了豐富的
多樣性風貌和形態，但彼此間還是存在著共同而嚴謹的空間結構，反
映出空間要素的發展與衍生的邏輯關係，並且這些空間要素均表現出
其居住文化中的宗教信仰、生產活動與生活方式之特有空間需求。[69]
在當地人看來，「家」代表著內部的空間。從下到上的空間等級劃分
來源於人們「畜、人、神」的「三界」觀，同時也體現了從世俗到神
聖、從污穢到潔淨的世界觀與認識體系。

　　由於房屋的各層內部很少用實體的牆壁分割成多個房間，居住的
功能由樓層進行區隔，所以不存在明確的臥室。在寒冷的天氣裏，能
夠睡在生有爐灶的溫暖的廚房裏，是家人最好的選擇。近年來，很多
人家通過改造用木板隔出了單獨的臥室，並安裝了房門，進一步提高
了個人生活的私密性，尤其是已婚的夫婦。第三層則是倉庫和神聖的
經堂。

　　原來傳統的家庭中大多沒有專用的床，木質的長椅上鋪上一層卡
墊，白天可以坐人，晚上放上被子就可以睡覺了；有的家庭則直接把
泡沫墊子放在地上，席地而睡。床上用品也較為簡單，一般家庭也沒

---

69 參見胡昂、黃琬雯：〈傳統藏族民居的空間結構之分析與探究〉，《建築與文化》2010
　　年第11期。

有多餘的被褥，走親戚時甚至需要自己攜帶。女兒出嫁的閨房，一般由家中的倉庫或其它房間臨時改造而成，在大多數情況下，家人都是根據性別和輩分分別居住的。各層樓之間由陡峭的獨木樓梯相連，老人和婦女都可以順利上下，大多數人由於長久習慣，可以健步如飛，但偶而也有人不慎跌落。

　　從前，廚房是老人、婦女和孩子居住的地方，而男性則集中居住在樓上。夫妻之間的性活動是極其隱秘的行為，需要同居的夫妻只能在夜深人靜時由丈夫悄悄與妻子同宿，但必須盡快返回自己的住處，以免被他人尤其是長輩發現，否則將被視為不知羞恥的行為。近年來，這種居住方式已經在尼村悄然發生著變化：在新修建的藏房中，大部分的家庭都對各層內部的房間進行了分割，安裝了木質牆體和房門，甚至還加設了門鎖，臥室變成了更加私密的空間。夫妻可以同居一室，老人和孩子也各有自己的房間。空間分隔的變化在很大程度上改變了夫妻關係的公開程度，同時也是對傳統生育觀念的一種挑戰。一位老年婦女說：

> 以前哪像現在，結婚的男女可以睡在一起，（以前大家都）害羞，不好意思，以前的房子也不像現在這種隔起（分房間），一般都是全家人中女的睡樓下，男的睡樓上，（夫妻）在一起（房事）的時候都是男的用衣服頂在頭上悄悄地來，家裏人看見不好意思。另外，大家都說睡一覺就會懷孕，生多了娃娃養不起，所以要分開住。[70]

　　這種夫妻分開居住的方式與同樣盛行多偶制的俄亞納西族極為類

---

70 訪談時間：2010年8月。

似[71]，並且都規定了只能是丈夫主動訪妻子，妻子卻不能訪丈夫。同時，不對等的配偶數量造成了夫妻同宿的又一不便，夜深人靜時的夫妻生活不僅要避諱長輩和他人，更要考慮到婚姻關係中的其它參與者。對於他們的分居方式，不僅外界充滿困惑，就連其它的村民也有不少猜測：

> 那種家庭麼，老是（幾乎）曉不得（不知道）晚上是咋個（怎麼）睡，聽人家說是各人有一個房間，晚上先進去的人會把鞋子放在門口，後來的人就不會進去了。[72]

輪流同宿的夫妻該如何安排，才不會導致尷尬（甚至是衝突）的情況發生，這是主婦和其它參與婚姻的成員都必須慎重考慮的問題，同時也是外界對其充滿好奇與困惑的焦點。[73]上文中曾經提到，在傳統的老式藏房中，由於人們一般不會在房屋內部分割多個房間，因而也不存在純粹意義上的臥室。而在多偶制家庭中，則需要一間較為特定的臥室，以方便夫妻同宿。這種夫妻共居的臥室較為特殊，因為這個臥室並不完全屬於夫妻雙方。比如，在兄弟共妻家庭中，妻子可以單獨擁有一個臥室，這間特殊的臥室是夫妻進行隱秘生活的地方，只要有其中兩人在場，協力廠商就必須盡快迴避，以免尷尬；而在姐妹共夫的家庭中，姐妹通常會各自擁有一個臥室，丈夫輪流與之同宿。迴避尷尬的方式有多種，比如遇到長期在外的兄弟回家時，在家的一

---

71 參見劉龍初：〈俄亞納西族安達婚姻及其與永寧阿注婚的比較〉，《民族研究》1996年第1期。

72 訪談時間：2010年8月。

73 Nancy E. Levine. *The Dynamics of Polyandry: Kinship, Domesticity, and Population on the Tibetan Border (Preface)*. University of Chicago Press,1988：3.

方會主動提出要外出辦事，或者故意晚歸，以此讓同宿的雙方看起來自然一些。

在兄弟共妻家庭中，與主婦同宿的丈夫會在其臥室外面放置諸如腰帶、鞋子、帽子等信物，以此作為與妻子同宿的標識，其它丈夫如看見就自然迴避。這種做法常見於各種對兄弟共妻婚俗的記述中，如《維西見聞錄》的描述：

> 兄弟三四人共妻，一妻由兄及弟，指各有玦，入房則係之門以為志，不奓不爭，共生子三四人，仍共妻，至六七人始二妻。[74]

那麼，事實真的如此嗎？通過調查，筆者漸漸發現，多偶制家庭的夫妻之間並不一定需要這些程序化的標識才能表明同宿者的身份。在很多情況下，他們並不需要這些所謂的「信物」標識，而僅需要簡單的眼神或言語暗示就能各自明白對方的心意，有時甚至是直接的安排。嫁給兩兄弟的曲珍告訴筆者：

> 這些一般老是不消（用），有時候吃飯的時候，有時候幹活的時候說一哈（下），大家就曉得了。假如哪個好長時間不回家，那麼等他回家的時候另外一個就不會過來了。[75]

另一位來自兩代兄弟共妻家庭的主婦次央也說：

> 這些東西一般是不消（用），大家會憑自覺。他們兄弟會說

---

74 〔清〕余慶遠：《維西見聞錄》，于希賢、沙露茵選注：《雲南古代遊記選》（昆明市：雲南人民出版社，1988年），頁123。
75 訪談時間：2010年8月。

好，我是不好說。不過哪個老是（非常）不公平，我也會說呢。[76]

　　關於為什麼不留下記號，當事人有自己的看法。有的人認為，這種事情本來就是秘密進行的，假如留下了記號則很容易讓別人知道，會很害羞。與兄弟共妻家庭相比，姐妹共夫家庭所面臨的問題要相對簡單些，因為兩姐妹各有一個臥室，丈夫可以輪流進入姐妹的臥室住宿。

　　在一般情況下，多偶制家庭中有權擁有單獨臥室的一方，在夫妻的性關係中能夠佔據主動地位，調配與協調諸多配偶之間的關係。但是，家長的權威同樣會在夫妻同宿的問題上表現出來。例如，家長會經常利用自己的權威增加與妻子同宿的次數，或者安排其它的兄弟離家從事勞作，以此獲得更多與妻子相處的時間。這樣的行為可能會導致兄弟之間產生矛盾，甚至是婚姻的破裂與家庭的瓦解。儘管如此，不少家長還是會用這種方式試探其它兄弟的忍受程度，以此作為樹立個人權威的一種有效途徑。無法忍受的兄弟可能會重新尋找情人（嘎入），甚至從其中脫離出來自立門戶。

　　性關係作為維繫夫妻感情和保持家庭和睦的重要途徑受到多偶制家庭成員的重視，尤其是那些煞費苦心安排子女組建多偶制家庭的長輩。對於那些情感生疏或者年齡差距較大的夫妻，長輩甚至會費盡心思創造機會，讓他們在相互熟悉中培養感情，以此促成雙方的性關係。在長輩看來，只要雙方產生了性關係，那麼夫妻關係就算穩定了，整個家庭也會因此安定與團結。

---

76 訪談時間：2010年8月。

（二）納西族

迪慶維西、中甸三壩一帶的納西族住宅基本上都是木楞房，建造時用圓木縱橫相交架設為四方形，門檻高、門楣低，出入都需要彎腰。少數人家房屋建有兩層，上層住人，下層飼養牲畜。屋內的格局劃分為兩邊：一邊架木板床，火塘設在床正面中央，火塘呈方形，上面放置三腳架；另一邊安放木碓，碓頭必須向東。人們生活的起居坐臥都按照男左女右的規則進行。翁媳之間、夫兄和弟媳之間不能對坐和談笑，岳母和女婿之間也有同樣的禁忌。[77]納西族人大多為一日三餐，主食是包穀、青稞、大米、蕎麥等，其中大米較為珍貴，多半在年節時食用。蔬菜的品種不多，有白菜、蔥、蒜等。男女老幼都喜歡飲茶，食用器具基本上為木製，吃肉時由父親掌勺平均分配，平時的飯菜由媳婦盛送。納西族忌食狗肉，不許宰殺耕牛和馱馬。[78]理塘一帶的納西族由於長期與藏族通婚雜居，在生活方面已經深受藏族影響。20世紀初，古純仁在川滇邊藏族聚居區考察時發現，當地納西族的過年習俗除殺神豬祭天外，其它與藏族已基本相同。[79]在鄉城、稻城、得榮、巴塘一帶，納西族移民的絕大多數後裔已漸成為藏族，習俗、服飾以及語言都與當地藏族沒有什麼區別，連當地的藏族人也只能從過年是否按納西族傳統習慣才知其是否為納西族後裔，不少地方只有一些地名還反映出它們曾經是納西族居住的地方。[80]

---

77 參見《中甸、維西納西族婚喪習俗》，《民族問題五種叢書》雲南省編輯委員會、《中國少數民族社會歷史調查資料叢刊》修訂編輯委員會：《納西族社會歷史調查》（一）（北京市：民族出版社，2009年），頁57-58。

78 同上。

79 參見〔法〕古純仁著，李哲生譯：〈川滇之藏邊〉，《康藏研究月刊》1948年第15期。

80 參見楊嘉銘、阿絨：〈明季麗江木氏土司統治勢力向藏區擴張始末及其納西族移民蹤跡概溯〉，中國人民政治協商會議甘孜藏族自治州委員會《甘孜州文史資料》（第十八輯）（2000年）。

（三）怒族

　　怒族大多居住在怒江兩岸海拔 1,500 至 2,000 公尺的山腰臺地上，也有部分村寨建於平地。怒族民居主要是一種下部架空的干欄式建築。由於受到早期生產工具和勞動力的限制，怒族先民無力將陡峭的地基修建平整，因此只能因地制宜地使用長短不一的木樁將房屋底部架成水準狀態。此外，由於怒江一帶雨水多，空氣濕度大，這樣下部架空的房屋可以起到很好的防潮和保暖功效，中空的部分還可以用來圈養家禽家畜。由於用來支撐房屋底層的木柱間距密，數量多，有的甚至多達上百根，因此俗稱「千腳落地」。民居主要用竹篾或藤條綁紮，或用樹杈支撐而成。樓面以上的牆體用橫、豎木杆綁紮成網式承重骨架，內牆以竹席圍紮而成，屋頂為懸山式茅草頂或木板頂。為了增加戶外面積，有的人家還利用懸挑擴大空間增建閣樓、抱廈。

　　由於分佈區域不同，怒族的干欄式建築也存在差異。怒江南部地區氣溫相對較高、濕度大，人們使用木頭做房屋的柱子，用竹席製作牆體和樓板，頂上覆蓋木板或茅草，起到防潮和通風的作用。而怒江北部的貢山一帶氣溫較低，民居主要是用圓木相疊建成的木楞房，與北部藏族民居有相似之處。木楞房比竹篾房略大，呈長方形，一般分為內外兩間。外間待客，設有火塘，上面安置鐵三腳或石製三腳架，用來燒火做飯；內間是主人休息的臥室。

　　怒族的起居用具比較簡單，一般在床板上鋪墊草席、獸皮等，再蓋上羊毛毯或麻布毯。起居室最重要的長老床旁的牆面上，掛著狩獵時捕獲的野獸的頭顱和野禽的羽毛，還有弩弓、長刀、箭包等工具。重要的禁忌包括：婦女不能睡長輩的床，女兒和兒媳不能睡父親的床，兒子長大後也不能睡母親的床；長輩男人不能睡晚輩婦女的床，即使出門或做客也只能是長輩婦女睡晚輩婦女的床，長輩男子也只能

睡晚輩男子的床；婦女一般不能坐長輩男性那張牆面掛有弩弓的床；女兒、兒媳不能與男性長輩同坐一張床或一條凳子；女性不能從男性成員的衣物、生產工具、狩獵工具、帽子上跨過；等等。

怒族自製的日常生活用具有竹籃、竹筐、竹編飯盒、木製水缸、蓄水木槽、背水木桶、木櫃、木凳、木鎖、木鑰匙、石磨等，炊具有木碗、木勺、木棒、鍋蓋等。怒族習慣日食兩餐，主食以玉米為主，常見的蔬菜有白菜、蘿蔔、辣椒等，夏季還有竹筍等野菜，肉類主要是家中飼養的豬、雞、羊等；烹調方式包括煮、蒸、燒、烙等，這些工作均由婦女承擔。怒族的特色食品包括「下拉」、石板粑粑「龍布拉快」等。「下拉」一般用雞肉（也可使用其它種類的瘦肉）和較好的燒酒為製作原料。製作時先將瘦肉剁為丁狀，然後放入鍋裏用漆油或酥油煎炒，炒至脆黃時再倒入燒酒，蓋上鍋蓋燜片刻即成。石板粑粑為怒族獨有，烤製粑粑的石板「龍布拉」產於貢山秋那桶，呈淺黑色，質地細膩，傳熱快，柔韌性和保溫性能好，經高溫火燒仍不會斷裂。用這種石板烤製的粑粑可薄可厚，不糊不黏。

怒族家庭裏男女的地位是不平等的，婦女處於從屬地位，家庭財產歸男子支配。在日常生活中，如婦女要在男子面前走過，必須彎下腰來，手提住裙子，小心翼翼地走過，但打罵虐待的事情很少。怒蘇人中有這樣的諺語：「斧子不能剃篾，青蛙不能上樹；母雞不能吃鹽巴，女人講不來道理。」因此，婦女不能參加氏族的祭祀活動，不能參與討論家族和村社的公共事務。女性在家庭生活中必須時時注意自己的行為舉止，除了要做好所有家庭成員吃、穿、住、行的準備工作外，還必須遵循一套禮儀規範和禁忌。例如，在吃飯時要注重形象，不能發出聲響，更不能醉酒；每次用餐時兒媳或女兒必須首先給長輩盛飯並雙手恭敬地送到長輩手上；等等。

儘管父權制已經在怒族社會中得以確立，但部分支系殘留的民俗

仍然體現了從前母權的痕跡。例如，給新生兒取名的權利首先是嬰兒的祖母和姨媽，其次才輪到父母；當女主人不在家時，丈夫無權出售家中飼養的豬羊雞鴨，當家理財仍然是妻子的責任和權利。[81]

（四）獨龍族

由於自然條件的差異，獨龍江上下游地區的房屋格局略有不同。巴坡以南地區基本上是用竹木建蓋的干欄式樓房。這種房屋因山地較陡，建蓋時需要靠山打樁，因此俗稱「千腳落地」，與怒族民居相似。房屋內部以木板或竹籬笆隔開，中間為通道。一般室內設 2 至 3 個火塘，長輩的火塘設在上方，火塘上掛著弔板或掛鉤，用來烤食物、燒茶水。火塘內放置鐵三腳，或壘三塊石頭，用來放置鐵鍋。室內四周放置傢俱、炊具等生活用具。如果室內寬敞，還可以隔成小房間，給已婚子女居住，各房間內也設置火塘。其它未婚的子女則在長輩的火塘邊挨著長輩睡。房屋的兩邊都開設房門，有木梯可以上下。主門外通常用原木搭成室外走廊，走廊上安置木碓窩。在獨龍江下游的南部村寨，直到 20 世紀 80 年代還有不少幾代人共同居住的長干欄樓房。在獨龍江的北部，民居以木楞房為主。房屋四壁全用水冬瓜木、松木或雜木小柱交叉壘成。屋頂鋪茅草，兩面滴水。樓房下面十分低矮，不能關牛，只能用來做豬圈和羊圈。[82]

獨龍族人的生活用具大致可分為炊具、日常用具和粉碎器等。其中，炊具主要包括鐵三腳架、鐵鍋、鋁鍋、銅壺、土鍋、陶罐、小鐵臼。這些金屬器具和陶器在 20 世紀 50 年代以前大部分是從貢山或察

---

81 參見何叔濤：《雲南民族女性文化叢書・怒族——復蘇了的神話》（昆明市：雲南教育出版社，1995年），頁11。

82 參見楊毓驤：《伯舒拉嶺雪線下的民族》（昆明市：雲南大學出版社，2000年），頁97-100。

瓦龍的藏族聚居區交換而來的。其它的炊具還包括用來蒸飯和蒸水酒的木甑、盛豬食的木槽、竹製的打茶筒和盛肉筒。日常用具包括竹簍、簸箕、糞箕、篾笆、小提籃、供盤、竹盒、竹刀殼等。粉碎器包括石手磨、木手碓、腳碓、石磨和水碓等。[83]

在獨龍族社會中，婦女擁有一定的家庭地位，主要表現在主婦分食制、主婦管倉制[84]、婦女招待客人、夫妻共同商量決定家中的事務等方面。按照獨龍族人的習慣，一個大家庭中有兩個以上兒媳的，便要實行輪流煮飯的制度。例如，某家人有 3 個兒媳婦，早晨由大兒媳拿出糧食做飯，晚飯由二兒媳煮飯，次日早晨由三兒媳煮飯。吃飯的時候一定要由家長的妻子或家庭主婦按照人數分配食物，每人一份。這種由主婦分食的習慣，獨龍族人稱之為「額雜布朵」。如果主婦死去，便由長子的媳婦分食，以此遞推，家長和男人是不負責分食的。

如先久當地區迪朗村村民迪朗先久松家，在其年幼的時候，祖父一輩的 3 個兄弟（即祖父、伯祖父、叔祖父）及其 3 代人共 20 餘人同住在一所較大的房子裏。他的伯祖父有 7 個子女，叔祖父婚後無子嗣，祖父、祖父的父母和兄弟姊妹 10 人分成 3 個火塘共同居住。到迪朗先久松這一輩人長大成家後，才逐個分出另居，但仍舊在一起勞動和吃飯。起初，3 個火塘的主婦同時做飯，每個火塘每次將做好的飯食按照其它 2 個火塘的人數分配，無論大人、小孩，都是每人一份；這種分配食物的方式被稱為「可列亞列阿季」，「可列」意即「那邊」，「亞列」意即「這邊」，「阿季」意即「給予」，這種方式意為幾個火塘的人互相給飯共食。後來，3 個火塘採取輪流做飯的共食方

---

83 同上書，頁100-104。

84 參見《貢山縣四區三村孔當、丙當、學哇當獨龍族社會經濟調查》，《民族問題五種叢書》雲南省編輯委員會、《中國少數民族社會歷史調查資料叢刊》修訂編輯委員會：《獨龍族社會歷史調查》（一）（北京市：民族出版社，2009年），頁41-42。

式，每次由一個火塘的主婦為整個大家庭成員做飯，然後分給其它 2
個火塘的人，仍然是不論大小每人一份；這種方式被稱為「索爾阿列
義」，「索爾」意為「飯」，「阿列義」則是「輪著做」的意思。[85]

　　與主婦分食制併存的是主婦管倉制。由於每個獨龍族家庭都有好
幾個倉房，每種糧食存放在不同倉房裏，倉房有時建在距離住所很遠
的山上隱蔽地裏，防止外人劫掠。倉房分為兩種：一種叫「捧千」，
即大倉房，也就是公共倉房，每一個大家庭共同收穫的糧食，都可以
儲存在大倉房裏，共同食用；另外一種叫「捧秋」，即小倉房，也可
以叫作私人倉房，用於儲存私人糧食。一般來說，小倉房是兒子結婚
之後才能有的，象徵著個體家庭的逐漸分離和私有制的發展。當一個
大家庭的大倉房糧食吃完之後，接下來就要流動食用小倉房的糧食。
大倉房必須由大家庭的主婦管理，小倉房由兒媳管理。由於各個倉房
存有的糧食數量不一，假如哪個倉房如小家庭提前用完儲存的糧食，
就免去輪流煮飯的義務，轉由那些存有糧食的倉房輪流承擔。

　　倉房是象徵有「瓦密」（福氣）的地方，一般不能輕易讓別人看
到。當家的主婦死後舉行「則安」葬禮的時候，由家長邀請團體成員
和女方親戚一起來到倉房前，將倉房當眾打開，根據當時儲量的多
少，由大家確定釀製多少瓶水酒（每瓶重 12.5 公斤），請大家飲用，
喝完為止。在當地人看來，如果主婦是有「瓦密」的人，倉房的糧食
是吃不完的，這說明主婦平時儲糧很豐富。男子從來不過問倉房及糧
食的多寡等事務。糧食吃完了，主婦會告訴男人：「明天去打獵
吧！」男人便會攜帶弩弓、砍刀和獵犬上山去打獵；或者在每年的 5
至 6 月間相約集體去尋野糧，採集野菜。家長則往往坐在家中支配大

---

85 參見蔡家麒：《藏彝走廊中的獨龍族社會歷史考察》（北京市：民族出版社，2008
　　年），頁79-80。

小事宜，其本人雖然也參加勞動，但更多的是依靠別人的勞動成果生活，這顯示出家長在家庭中的地位和權利。

在大家庭制度盛行的年代，火塘分居制與之相伴相生。每個家庭凡是有一個兒子結婚，便要在同一屋內增加一個火塘，這種分火塘的習慣被稱為「卡爾信」。分火塘象徵著個體小家庭的建立。分設火塘後，便要設立小倉房了，但大家還是共同勞動並一起生活。

擔任家長的通常是家族中的成年男子，家長的職責是領導和組織家庭成員生產，調解家內糾紛，幫助青年男女解決婚姻問題。婦女被認為是不會說話、缺乏做事能力的人，因此族長不能由婦女擔任。父權不僅表現在家庭內部，享有威信的家長在各個家族公社間也享有威望，負責處理各種公共事務。獨龍語稱這種享有威望的年長男子為「卡珊」。在葉枝土司和國民黨統治時期，有少數「卡珊」被委任為「括色」或者保長、甲長，成為統治者徵收捐稅的代理人。「卡珊」也是獨龍族社會習慣法的主要解釋者。獨龍族的習慣法保護正在產生的私有財產和父權。它規定，對於第一次、第二次犯偷盜罪的成員要進行教育，犯過 4 次偷盜罪的人會被割耳朵，與已訂婚、結婚女子通姦的男人要受處罰，等等。

在多妻的家庭中，諸小妻實際上淪為家長的家庭奴僕，家長成為諸小妻的實際統治者。家長因此可以減少勞動，依靠諸妻生產過活。白天諸妻從事耕種、薅草、找野糧、編織等勞動，晚上成為家長縱慾的工具。諸妻夜間同睡在火塘旁，丈夫與大妻睡火塘的正房，丈夫與諸小妻輪流同宿時必須事先徵得大妻的同意。在這樣的家庭中，大妻享有較高的地位，負責管理和主持家務，招待親友。在習慣上，丈夫娶小妻必須徵得大妻的同意，甚至有大妻主動幫丈夫討小妻的現象。女子僅僅被當作一件簡單的物品，通過一定的實物而被男方交換過來，主要是為了購買勞動力。這就是多妻者多為家庭經濟比較富有、

土地比較多的家族長和頭人的根本原因所在。

在社會倫理道德和原始法制中，平均分配法則規定了人們在生產中互助，不計工時長短和勞動強弱，所生產的糧食平均分配。主婦分配的飯食無論老幼，每人一份，來客亦可得到一份。個人不能獨佔，否則會受到社會的斥責。人們之間相互禮讓，家中老人的臥床一定要安排在火塘上方，子女的火塘則在下方或室內。有客人到來時家人最好不要經過客人面前，如實在避讓不開也要俯身低頭，婦女還要用雙手壓住衣裙輕輕走過客人面前。獨龍族人在喜慶或節日時還有兩人合飲一碗酒的習俗，以示團結和睦。只要年齡相近，男女皆可合飲。

社會禁忌規定女兒出嫁後不能回娘家生孩子，否則會被認為影響娘家的子孫興旺。如果發生這種事，女婿家要送兩瓶酒以及若干野獸肉給妻子家，以作補償。[86]

以傳統法判決離婚案件，主要看哪方有理。按照習慣法，若姑娘婚前病死或與人私奔，則女方要賠償男方彩禮。若夫妻不和睦，女方提出離婚，則頭人、雙方家長代表根據女方申訴，認為有理的可以不賠償男方彩禮，若認為理由不足的則要賠償男方彩禮。若男方提出離婚，女方可以不退還彩禮。但離婚案件在獨龍族人的社會中是極少的。[87]

對於家庭之間的貧富差距，獨龍族人有自己的看法。他們認為，從前的富裕人家主要是家中勞動力充沛，人也比較勤勞，無論天晴或下雨都經常外出勞動，其佔有的水冬瓜地（熟地）比較多。種植面積大，糧食產量就多，一年基本上夠吃，又能煮不少水酒。這種人家在生產和生活上善於計劃和安排，人也比較聰明、善於講話，同時也會

---

86 參見楊毓驤：《伯舒拉嶺雪線下的民族》（昆明市：雲南大學出版社，2000年），頁108。

87 同上書，頁109。

搞點剝削的事；此外，他們還依靠打獵、挖黃連與貝母、織布等副業收入再到外面交換黃牛，宰殺後分給全村人吃。而窮困人家主要是因為家中子女多，勞動力少，土地少，辦法也少，生產活動不會計劃和安排，其中還有些家庭成員比較懶惰，所以年年缺糧。但人們普遍認為獨龍族社會的貧富差距並不懸殊。[88]

不同的居住格局與家內生活所體現的性別關係反映了不同社會結構和婚姻形態中男女兩性所處的不同地位。藏族和納西族社會堅固複雜的民居建築不僅分割了不同的功能區域，同時亦為男女兩性劃分了截然不同的內部活動空間，女性對男性的屈從現象已然出現；在相對簡單的怒族和獨龍族民居中，儘管內部空間的劃分無法做到涇渭分明，但女性對男性的屈從現象更為明顯。無論是藏族和納西族社會中的主婦管家，還是獨龍族社會中的主婦分食制與火塘分居制，都體現了父權制興起和確立後男女兩性社會分工中所體現的「男主外，女主內」的空間特徵。這種分類認識同時也成為女性參與社會公共事務，甚至是參與政治活動難以逾越的主要障礙。

三　不同婚姻形態中的親屬稱謂方式與性別權利格局

「親屬稱謂是指因為要表示由親子關係及婚姻關係而產生的人際關係有別於一般生活關係的用語，以及由此擴展到由其它方式所產生的關係之用語。」[89]它「並不是一些空洞的名稱，而是實際上流行的對血緣親屬關係的親疏和輩分的觀點的表達；這種觀點是一種完備地

---

88 參見蔡家麒：《藏彝走廊中的獨龍族社會歷史考察》（北京市：民族出版社，2008年），頁80-81。

89 芮逸夫：《雲五社會科學大辭典（第十冊）人類學》（臺北市：臺灣商務印書館，2000年），頁283。

制定了的親屬制度的基礎，這種親屬制度可以表現單個人的數百種不同的親屬關係」[90]。自科利爾（Collier）和亞納吉薩科（Yanagisako）提出將社會性別與親屬關係放在一起討論[91]以來，這種研究視角的有效性已經逐步得到了驗證。

（一）淡化父系和母系差異的藏族親屬稱謂體系

有研究發現：「藏族的親屬稱謂不區分父系和母系，不存在輩分上的混淆，具有籠統性和高度概括性，明確區分輩分和性別，比較接近夏威夷式的親屬稱謂制度。並且在兩代範圍之內明確區分直系和旁系，模糊父系和母系，突出核心家庭成員聯繫，具有愛斯基摩式親屬稱謂制度的特徵。」[92]在筆者調查過的德欽藏族村落尼村，人們的親屬稱謂體現了上述論斷並凸顯了以下特點：

第一，當地的雙系繼嗣制度在親屬稱謂中得到了集中體現，淡化父系和母系親屬稱謂之間的差異是當地藏族群眾親屬稱謂體系的首要特徵。例如，無論己身為男子還是女子，對自己的子女和姐妹的子女都稱為子女，兒子稱「巴嚓」，女兒稱「布姆」；對自己的子女的子女和姐妹的子女的子女，都叫孫子、孫女，孫子稱「森澤」，孫女也稱「森澤」。無論己身是女子還是男子，對父親和母親的姐妹都稱「瑪」或「阿媽教」，對父親和母親的兄弟都稱「阿格」或「阿格教」；自己的祖父與外祖父都稱為「阿尼」，祖母和外祖母都稱為「阿

---

90 恩格斯：《家庭、私有制和國家的起源》，見《馬克思恩格斯選集》（第四卷）（北京市：人民出版社，1995年），頁25。

91 參見Jane F. Collier & Sylvia J. Yanagisako (eds). *Gender and Kinship: Essays Toward a Unified Analysis*. Stanford University Press, 1987.

92 鄒中正：《漢族與藏族親屬稱謂的比較研究》（成都市：四川大學碩士學位論文，2003年），頁28。

佳」。兒媳、女婿稱雙方父母也通用「阿爸」、「阿媽」，其餘的稱謂與配偶一致。

第二，親屬稱謂也淡化了稱呼對象的年齡差異。比如，伯父、叔父和姨父都稱為「阿格」；同樣，伯母、嬸嬸和姨母都統稱為「阿媽教」；表姐妹、堂姐妹、嫂嫂和姐姐、弟妹或妹妹都稱為「阿日」或「森姆」，與之對應的表兄弟、堂兄弟、哥哥和姐夫、弟弟和妹夫都稱為「鬱」或「邊亞」。

第三，以自己為中心往下一代推算，代數越多則稱謂種類越少，性別與年齡差異越模糊。例如，侄子與外甥都稱為「澤烏」，侄女與外甥女都稱為「澤姆」；而孫子、孫女、外孫子和外孫女都稱為「森澤」，不再區分性別。

值得注意的是，在其親屬稱謂系統中唯有對舅舅的稱呼是專用的，稱為「阿榮」，舅母則稱為「綿」。這種稱謂方式與當地盛行的入贅婚，以及男女平等的繼承方式是一致的，同時還體現了明顯的長幼有序及內外有別的特徵。夫妻之間的稱呼則較為多樣，但一般不會直接稱呼對方的名字，而是用孩子對對方的稱呼來代替。在父系宗族組織山岩「戈巴」中，組織內部或與之有關聯和結盟的「戈巴」成員之間的親屬稱謂皆按照父母與之有關聯的親屬關係來稱呼，在某種程度上反映了其中存在的血緣關係紐帶的宗族觀念。[93]

在藏族的多偶制家庭中，親屬稱謂不僅是一種人際關係的代稱，更體現為一種權利等級與親屬關係格局。在筆者所調查的德欽縣多偶制的家庭中，無論有多少個成員，其後代都只會有一個社會性的父親和母親。在兄弟共妻的家庭中，其後代稱哥哥為爸爸，稱弟弟為叔

---

93 參見范河川：《父系原始文化的活化石——山岩戈巴》（成都市：四川大學出版社，2000年），頁30。

叔；在姐妹共夫的家庭中，年紀最大的姐姐永遠是所有孩子的母親，其餘的妹妹只能是孩子的「阿媽教」（意為「小媽媽」）。

　　然而，藏族聚居區各地多偶制家庭中的親屬稱謂存在著較大的差別。例如，有些地方兄弟共妻家庭的孩子可以把共妻的幾個兄弟都稱為「爸爸」，在另一地區同樣的家庭中，孩子則把共妻兄弟中的最為年長者稱為「父親」，其餘幾人都稱為「叔叔」，即使「叔叔」可能是他們的生父。[94]真曲河谷的情況更為複雜，除上述兩種稱謂方式外，孩子還可以稱呼共妻兄弟中的年長者為「爸爸」，稱其年幼者為「舅舅」。[95]據此，有研究認為，在藏族的多配偶制婚姻中，「其親屬稱謂的內涵變化很大，即同一個親屬稱謂在單偶婚家庭中所表示的親屬關係與在多偶婚家庭中表示的親屬關係差別很大，充分反映了婚姻形式對親屬稱謂的影響」[96]。

　　與上述地區相比，尼村的多偶制家庭對父母親的稱謂進行了較為嚴格的界定。首先，兄弟共妻的家庭中永遠只能有一個父親，也就是家長，就算是作為制度性「父親」的兄長去世或因故脫離家庭，弟弟也不能因此由「叔叔」變成「爸爸」。但是，在當地人看來，兄弟共妻家庭的子女對「叔叔」的稱謂中即暗含有「爸爸」的意思，並且知曉其家庭情況的當地人都能意會這種暗含的意思（近似於漢人社會中常見的父母親離婚後的子女稱呼母親再婚的對象為「叔叔」的做法）。同樣，姐妹共夫家庭的孩子也只會有一個父親和一個母親，不論自己的親生母親是誰，家裏確定身份的母親永遠只會有一個，即

---

94 參見鄒中正：《漢族與藏族親屬稱謂的比較研究》（成都市：四川大學碩士學位論文，2003年），頁22。

95 參見堅贊才旦：〈真曲河谷親屬稱謂制探微〉，《西藏研究》2001年第3期。

96 鄒中正：《漢族與藏族親屬稱謂的比較研究》（成都市：四川大學碩士學位論文，2003年），頁29。

「發生了生物性的母親與社會性的母親不相符的事實」[97]。可能出現尼村多偶制家庭社會性父母身份的建立仍然顯得順理成章。當地人認為，這樣嚴格的、順其自然的親屬稱謂體系確保了家長在家庭中的「合法地位」，同時也為家庭內部的管理和家內關係的協調確立了基本的制度化準則及權威。

（二）重視母系的納西族親屬稱謂體系

語言是一種較為穩定的社會元素，納西語言中反映出從前納西社會重視女係的習俗。例如，其語言中存在以「女」為大、以「男」為小，以「母」為大、以「子」為小的使用現象。例如，祖房、大房稱為「金美」，意即「女房」、「母房」，小房稱為「金若」，即「男房」、「子房」；大樹稱為「孜美」，即「女樹」、「母樹」，小樹稱為「孜若」，即「男樹」、「子樹」；祭天用的大香柱稱「迅美」，即「女香柱」、「母香柱」，小香柱稱「迅若」，即「男香柱」、「子香柱」；等等。在一些固定片語和用法中，也是女性在前、男性在後。例如，夫妻稱為「尼努阿改汝」，其中的「尼努」是妻子，「阿改汝」是丈夫；古語中將夫妻稱為「本爪」，也是妻子「本」在前，丈夫「爪」在後；情侶「名若」，亦是遵從女性在前、男性在後的規則。[98]遷入藏族聚居區的納西族由於長期與藏族雜居和通婚，藏語逐步成為社會中通用的語言，僅在親屬稱謂中保留了納西語稱呼方式。[99]

---

97 費孝通：《生育制度》（上海市：商務印書館，1999年），頁74。

98 參見楊福泉《多元文化與納西社會》（昆明市：雲南人民出版社，1998年），頁127。

99 參見《白松鄉納西族社會歷史調查報告》，見中國人民政治協商會議甘孜藏族自治州委員會：《甘孜州文史資料》（第十八輯）（2000年），頁271。

（三）保留原始血親製度遺跡的怒族親屬稱謂體系

　　怒族的親屬稱謂仍保留著原始血緣親族制度的一些遺跡。例如，稱呼父親、父親的兄弟輩均為「奧樸」；稱呼母親、父親之兄弟輩的妻子們與母親的姊妹輩均為「奧米」；稱呼母親之兄弟輩為「奧頗」，即舅父，這是怒族社會中最受尊敬的一個稱謂；同胞兄弟姊妹之間互稱「在若」或「報屋」，意為「生於同一根臍帶」，同一祖父的兄弟姊妹之間亦可使用這一稱謂，但姑舅兄弟姊妹之間則不可使用；父親的兄弟及母親的姐妹們的丈夫統稱「奧樸」，為區分年齡長幼，將年長於父親者稱為「樸茂」、年幼於父親者稱為「樸拉」或「樸吞」；同樣，在稱呼母親的姐妹們和父親的兄弟的妻子們為「奧米」時，將年長於母親者稱呼為「米茂」、年幼於母親者稱呼為「米拉」或「米吞」，分別對應年齡階序中的大、中、小差異。[100]

　　值得注意的是，怒族語言中的兩個屬於女性的親屬稱謂，即妻子（mi）和兒媳（krue），其含義分別是「生火煮飯」及「剝麻」，這反映了婦女的個人生活主要被限制和束縛於家務勞動中。在父權制建立的過程中，多妻通常發生在家族頭人、村寨領袖和富裕的家庭中。在怒蘇語中，丈夫對 3 個妻子的稱呼分別是「米茂」、「米拉」、「米吞」，意為「大妻」、「中妻」和「小妻」。妻子和兒媳的稱謂也有區別：妻子稱為「米」，意為「生火煮飯」，即圍繞火塘鍋莊做家務之意；兒媳稱為「克魯」，意為「剝麻」，即從事紡織縫紉、為全家老少的衣著而奔忙之意。[101]這些都反映了怒族傳統家庭的分工模式。

100　參見雲南民族事務委員會：《怒族文化大觀》（昆明市：雲南民族出版社，1999年），頁90-92。

101　參見何叔濤：《雲南民族女性文化叢書‧怒族──復蘇了的神話》（昆明市：雲南教育出版社，1995年），頁11。

（四）雙係併存的獨龍族親屬稱謂體系

　　獨龍族縱向的直系親屬稱謂只能區分上三代和下三代，橫向稱呼僅可區分伯叔及姨母，並且上三代和下三代不區分性別，這是雙系併存的明顯特徵。人與人之間的親疏關係和長幼關係尚未明確劃分，也不可能出現表示親疏關係和輩分的親屬稱謂。[102]其親屬稱謂早期明顯以母系稱謂為主，父系稱謂產生的時間相對較晚。曾祖父母叫「阿科勃」，孫子孫女叫「帕裏」。又如，姑表、舅表、姨表、內兄弟、襟兄弟姐妹都統稱為「阿羅」，姑媽、舅媽、姨媽、岳母都統稱作「阿尼」，嫂嫂、小姨、舅表姐妹、大伯、小叔統稱為「阿墨」，哥哥、姐姐統稱為「達門」，弟弟、妹妹統稱為「阿體」。[103]值得注意的是，獨龍族的親屬稱謂中還沒有「妻子」和「丈夫」這兩個詞語。稱呼丈夫的方式是在「楞拉」（指一般男人）前加上「恩」，意為「我的男人」；稱呼妻子的方式是在「僕瑪」（指一般女人）前加上「恩」，意為「我的女人」。還有不少人家在孩子的名字前連上母名，尤其是男孩，體現出母系繼嗣制度的遺存。這種稱謂方式顯示出獨龍族人原始樸素的社會和家庭觀念，也說明他們的婚姻關係正在從晚期的對偶婚向尚不穩固的一夫一妻制初級階段過渡。

　　親屬稱謂的差異體現了不同社會繼嗣制度的基本結構與變動趨勢。藏族淡化父系和母系差異的親屬稱謂體系恰當體現了其社會結構中通行的雙系繼嗣特徵，而多偶制家庭中特殊的親屬稱謂方式則是多元化婚姻形態與其相應的繼嗣制度相互調試變異的結果；納西族社會

---

102 參見《獨龍族簡史》編寫組：《獨龍族簡史》（昆明市：雲南人民出版社，1986年），頁96。

103 參見《獨龍族社會情況調查》，《民族問題五種叢書》雲南省編輯委員會、《中國少數民族社會歷史調查資料叢刊》修訂編輯委員會：《獨龍族社會歷史調查》（一）（北京市：民族出版社，2009年），頁41。

重視母系的親屬稱謂體系體現了其繼嗣制度中的母系遺風；怒族社會中保留原始血親製度遺跡的親屬稱謂體系已經伴隨著父系繼嗣的強化逐漸淡化，並且通過女性家庭成員刻板化的稱謂方式反映傳統家庭的分工模式；以雙系併存的形態存在於獨龍族社會父系繼嗣制度背景下的親屬稱謂體系則生動反映了其獨特的鏡象特徵，即親屬稱謂是繼嗣制度和婚姻形態雙重作用的產物，但並不會隨之立即產生變動，超前或滯後的現象都有可能存在。上述民族親屬稱謂中出現的特殊現象正好反映了他們各自所經歷的特殊婚姻形態或繼嗣制度發展階段。

第三節　父權與母權繼嗣爭奪中的婚姻締結與支付方式

　　婚姻支付是考察婚配過程中男女雙方經濟投入的主要方式，除了聘禮還包括嫁妝。一般來說，彩禮是指男方付給女方的財物，而嫁妝則是女方帶入男方家庭的財物。從這個視角出發，古德（Goody）和坦比亞（Tambiah）發現了聘禮與嫁妝和女性在婚後家庭和社會中所處地位之間的密切聯繫：與男性相比，女性在廣泛支付聘禮的社會中具有較為獨立的經濟和社會角色，以及較強的性別平等趨向；相反，在盛行嫁妝傳統的社會中，女性則受到更多的經濟限制以及在社會和性關係中處於被動的地位。[104]對於婚姻支付的功能，則形成了兩種不同的解釋理論：弗里德曼（Freedam）和懷特（Whyte）等人認為，男方支付給女方的聘禮是想為新娘將來所具有的生育和勞動價值在物質上進行補償，因此被稱為婚姻償付理論[105]；另一種理論以孔邁隆

---

104 參見Jack Goody and S. J. Tambiah. *Bridewealth and Dowry*. Cambridge University Press, 1973.

105 參見M. Freedam. "Ritual Aspect of Chinese Kinship and Marriage." in M. Freedam. *The*

（Cohen）等人為代表，認為婚姻支付無論是來自男方還是來自女
方，都將作為一種物質資助流向新婚夫婦單元，因此被稱為婚姻資助
理論[106]。

一　男女雙方均可主導的藏族社會

　　青藏高原東南部的藏族社會在婚姻的締結方式上，既有遵照父母
之命行使的包辦婚姻，也有不少經男女雙方自由戀愛組成的家庭。從
整體上看，其婚姻制度具有典型的等級制度和家長制特徵。農奴主和
奴隸主實行嚴格的等級內婚制，土司頭人等貴族只能在等級內相互婚
配，禁止其子女與被統治階級的子女聯姻，否則他們將被趕走或處
死。與自由戀愛相比，包辦婚姻的存在更為普遍，青年男女必須遵照
父母之命、媒妁之言，雙方即使感情再好，沒有父母的同意也無法結
合。因此，逃婚、跳河、上弔等現象屢見不鮮。[107]

　　藏族群眾對於婚姻締結的主導方並沒有明確的性別限制：無論是
男性還是女性，占主導地位的一方均是「討」，而被動的一方則都是
「嫁」。換言之，「討」不一定產生從夫居，而「嫁」所產生的結果中
也包含著為數不少的從妻居。男子可以「討妻子」，女子可以「討丈
夫」。因此，與漢人農村顯著的父系親屬制度相比，藏族村落的從妻
居與從夫居一樣普遍。

Study of Chinese Society: Essays. University of Chicago Press, 1978:273-289; William L
Parish and Martin King Whyte. *Village and Family in Contemporary China*. University
of Chicago Press, 1979:185.

106 參見Myron L. Cohen. *House United, House Divided: The Chinese Family in Taiwan*.
Columbia University Press, 1976:177.

107 參見根旺：《民主改革與四川藏族地區社會文化變遷研究》（北京市：民族出版社，
2008年），頁27。

　　受藏族群眾「老大當家」習俗的影響，聘禮和嫁妝的贈送方並不局限於婚配雙方的某一特定性別群體，而是由婚配的主導方所決定：討丈夫的女方可以支付聘禮，嫁入妻家的男方也須陪嫁嫁妝。這種做法明顯有異於漢人社會中招贅婚的聘金比普通嫁娶婚少，甚至完全沒有聘金的情況，因此是貧困人家的男子所接受的做法。[108]並且，無論是男方還是女方所支付的聘禮「甲路卡達」顯然都不具有所謂的「償付」功能，而出嫁方所支付的嫁妝，也並沒有僅僅流向新婚夫婦，而是作為一個整體進入了討入方的家庭之中，除了那些在當地少見的新婚夫妻獨立門戶的情況。聘禮在婚姻支付中的歷史非常久遠，正因為如此，聘禮過重也是導致搶婚、逃婚、偷婚、招贅婚、服役婚和交換婚等婚姻形式的重要原因之一。[109]依照這種思路來看，藏族群眾相對淡薄的聘禮觀念確實為鞏固婚姻與家庭關係發揮了一定的作用。

　　然而，在某些一妻多夫制較為盛行的地區，由於男女性別比例的失衡，導致大量剩餘婦女的存在，因此給出嫁的女方造成經濟壓力。例如，在芒康縣，女孩出嫁講究排場，陪嫁物品包括首飾、衣物，還有數十頭的牛羊，由於擔心女兒不能順利出嫁，家中不得不想方設法湊齊嫁妝。[110]在筆者調查的雲南德欽一帶，無論當家者是男是女，討入方的花銷總額極為相似，在三四萬元之間，但嫁入方的花銷存在著明顯的性別差異。與入贅的女婿相比，嫁入的媳婦娘家需要花費更多的嫁妝開銷，後者的開銷甚至要比前者增加一兩萬元。儘管如此，父母還是希望女兒可以盡快地嫁入一個好人家，只要嫁妝在能力範圍內他們都盡力置辦，畢竟在當地人中男性不結婚的人很少，而女性有不

108 參見莊英章：《惠東婚姻制度初探：以山霞東村為例》，馬建釗、喬健、杜瑞樂主編：《華南婚姻制度與婦女地位》（南寧市：廣西民族出版社，1994年），頁10-44。

109 參見瞿明安：〈跨文化視野中的聘禮——關於中國少數民族婚姻聘禮的比較研究〉，《民族研究》2003年第6期。

110 參見《芒康縣基本情況及全縣婚姻狀況的調查報告》（芒康縣：人民法院，1996年）。

少人終身未婚，尤其是在過去政教合一的年代。出嫁女性豐厚的嫁妝不僅可以得到婆家的歡心，也可以為將來在婆家的生活和地位奠定一定的基礎。正如我們在第一章中已經討論過的那樣，緩慢增長的人口、失衡的性別比例以及男性人口相對較高的死亡率和較短的壽命等因素都共同對藏族聚居區女性形成了明顯的婚姻擠壓。「喇嘛占總人口的比例多大，便有相應比例的婦女成為婚配過剩人口。」[111]再加上一妻多夫的廣泛盛行，使得原本就過剩的適齡婦女很難找到合適婚配的男性，進一步激增了聯姻中女性嫁資的花銷。可見，上述現象的出現是性別比例失衡的結果，在自身需求的驅使下，婦女不得不主動尋找男性對象，希望嫁出女兒的家庭也必須接受支付昂貴嫁妝的現實。

二 深受藏族影響並保留母系遺風的納西族移民社會

納西族對婚禮的規定很細，從訂婚到接親，再到拜堂、婚禮結束，每項程序都有許多具體的要求，舉行婚禮要按這些要求進行。迪慶中甸白地一帶的納西族社會還保留著男子出嫁、女子娶夫的習俗。婚禮習俗與女性出嫁一致，由女方邀請媒人到男方說合，同意後則履行訂婚、結婚儀式，婚禮時由女方到男方迎娶，出嫁的男子也與女子一樣需要哭泣。[112]維西一帶的納西族婚禮中有搶房的風俗，即新娘新郎要爭先跑進新房，先進入者將來可以挾制對方。結婚當晚，同村男女青年聚集在新人家中，通宵歌舞表示慶賀。[113]

---

111 王端玉：〈喇嘛教與藏族人口〉，《民族研究》1982年第2期。

112 參見《中甸、維西納西族婚喪習俗》，《民族問題五種叢書》雲南省編輯委員會、《中國少數民族社會歷史調查資料叢刊》修訂編輯委員會：《納西族社會歷史調查》（一）（北京市：民族出版社，2009年），頁56。

113 參見《中甸、維西納西族婚喪習俗》，《民族問題五種叢書》雲南省編輯委員會、《中國少數民族社會歷史調查資料叢刊》修訂編輯委員會：《納西族社會歷史調查》（一）（北京市：民族出版社，2009年），頁58頁。

在木裏俄亞納西族婚禮中，新人拜堂之後安排有獻哈達儀式。此時，媒人、新娘和新郎三人站在火塘下方，東巴用一根繩子或長腰帶，一頭拴在房子中柱上，另一頭繫在右側高床上，將他們圈在一起；然後，東巴高喊獻哈達，並念一段祝詞，說一些吉利話，再將放在神臺上的哈達交給媒人，由媒人分別繞在新人的脖子上；之後，其它親友也紛紛上前向他們獻上哈達。[114]在鹽源達住村，納西族在婚禮的第二天安排男女雙方親屬見面喝酒，第六天為新娘回門，這兩天的活動中都要獻哈達。[115]獻哈達這一儀式可以肯定不是納西族婚禮中傳統的內容，這一程序的出現，應是受藏族婚禮習俗影響的結果。

三　從「討男子」向「娶妻子」轉變的怒族社會

怒族子女們的婚姻大多是父母包辦的，一般是從小就訂婚，或者是子女成年後，父母即為之選擇能耕會織的配偶。訂婚的男女雙方必須屬相不相剋。訂婚時，由男方請一個媒人帶 4 瓶酒，到女家去說親。媒人到了女家，先拿出 1 瓶酒請大家喝，然後說明來意。如女方父母同意，媒人就拿出其它 3 瓶酒，請親戚鄰居來喝。之後，男女雙方各請一個親戚商量聘禮。黃牛是怒族社會婚姻支付中的主要聘禮，聘禮一般是 3 頭牛，也有多至六七頭的。聘禮可以分幾次送，一般是在結婚前就要送齊，但窮困的家庭可以請求賒欠，婚後償付。如果這一輩不能還清，就要由其兒女負責償還。

20 世紀 20 年代基督教傳入怒族地區之後，很多人入了教，他們

114　參見劉龍初：〈四川省木裏藏族自治縣俄亞鄉納西族調查報告〉，《四川省納西族社會歷史調查》，（成都市：四川省社會科學院出版社，1987年）。

115　參見李近春：《四川省鹽源縣沿海公社達住村納西族社會歷史調查報告》，《四川省納西族社會歷史調查》，（成都市：四川省社會科學院出版社，1987年）。

的婚姻轉由教會做主。女教徒不准與非教徒結婚，同時不准收受彩禮。[116]但需要通過教會頭人從中說合。教徒結婚時非教徒可以去參加婚禮，非教徒結婚時教徒則不去參加婚禮。因此，怒族原有的婚姻制度已只在非教徒中起作用。50年代以後，這種傳統的婚姻制度又進一步發生了變化。例如，非教徒的婚姻也有了較大的自由，即使父母代替子女選擇了對象，也必須徵求兒女的同意方能生效，否則兒女可以提出反對意見。但親事說成後，父母仍請媒人到女家商議彩禮，買賣婚姻的色彩仍未消除。

怒族社會的婚姻形態已具備由父母包辦的買賣性質，習慣法肯定了此種包辦婚姻，更反映了對女性一方的強制。例如，自幼由父母包辦的婚姻，如果日後女方提出解約要求，則必須以雙倍的代價賠還彩禮，以此經濟懲罰來保護包辦婚姻，它往往釀成婦女為抗婚不遂而投江、服毒等社會悲劇。在20世紀50年代民族關係緊張複雜的年代，甚至還有以婦女為人質抵押贖金，以贖回被漢族劫掠的男子的情況。[117]

訂婚的怒族男女雙方到了十七八歲即可結婚。結婚之前要請「禹谷蘇」（巫師）卜卦選擇吉日，全村的人共同幫助新郎蓋一間新房。在習慣上，媒人在新婚夫婦舉行婚禮之日，必須慎重向參加婚禮的青年男女宣佈婚姻關係以外禁止發生兩性關係的戒語。

怒族盛行族內婚，堂兄弟姊妹之間均可通婚，但現在已經很少見了。姑舅表婚有優先權。外甥女訂婚時，必須先徵求舅父的同意。男

---

116 參見《怒族社會概況》，《民族問題五種叢書》雲南省編輯委員會、《中國少數民族社會歷史調查資料叢刊》修訂編輯委員會：《怒族社會歷史調查》（北京市：民族出版社，2009年），頁14-15。

117 參見《碧江縣一區九村怒族社會調查》，《民族問題五種叢書》雲南省編輯委員會、《中國少數民族社會歷史調查資料叢刊》修訂編輯委員會：《怒族社會歷史調查》（北京市：民族出版社2009年），頁37。

方送來的訂婚酒，要先請舅舅喝，然後父母才能喝。嫁女兒所得的聘禮，也要分送一部分給舅舅。與之相比，姨表通婚的情況很少。受到交通條件和語言隔閡的限制，通婚範圍較為狹小。姑娘一般不會嫁到幾天路途之外的村寨，並且幾乎不與其它民族通婚。

　　結婚那天，男方請 10 多個人去接新娘，其中要有一個唱調子的高手，和女方的人對唱，直至將對方唱服了，才能將新娘接去。父母和親戚陪同新娘到男方家做客。結婚的儀式很簡單，新郎和新娘坐在一起，由巫師祝福新人「夫妻和睦、多生子女、糧食豐收、不得疾病……」。然後，主人以酒肉招待賓客。晚上，客人們就在火塘邊唱歌跳舞，表示祝賀，新娘新郎也和大家一起歡樂。第二天，巫師用豬頭祭鬼，又替新人祝福一次。至此，客人都散了，只剩下女方來送親的人。這時，新郎的父親要拿出一瓶上好的酒，交給女方一個年齡較長有名望的人。然後，這個人就邊喝邊講，把新娘交給男方家。大意是說：我們家姑娘從此就算是你家的人了，生是你家人，死是你家鬼。由你家管，由你家教。但千萬不能虐待，否則我們是不答應的；夫妻兩人也要相親相愛，像樹林中的鳥一樣，雌雄不分離，像魚不離水、刀不離殼……婚禮到此即算結束。婚後第十三天，新娘和新郎帶一瓶酒及一背明子（點火用）回一次娘家，叫作「回門」，並且要送一點禮物（如一個竹籠或一塊布）給結婚時的伴娘，表示感謝。新婚夫婦在娘家住兩三天後即回家，從此和父母分居，開始共同生活。[118]

　　儘管怒族社會已經普遍以男娶女嫁的一夫一妻制為主要的婚姻形態，但歷史上卻長期存在著「討男子」的婚俗。在怒族阿龍支系中，「討男子」被稱為「振金抗努巴縷」，討入的男子無須改姓，無論在

---

118 參見《怒族社會概況》，《民族問題五種叢書》雲南省編輯委員會、《中國少數民族社會歷史調查資料叢刊》修訂編輯委員會：《怒族社會歷史調查》（北京市：民族出版社，2009年），頁14-15。

家庭還是在社會中，從妻居的男子都不會受到歧視。「討男子」的習俗與娶妻基本相同，但女方向男方求婚的聘禮往往數倍於娶妻。[119]關於從「討男子」向「娶妻子」婚俗的轉變，在阿龍人中流傳著這樣的傳說：

> ……在男人出嫁的那天，新娘等了半天也沒見有人來，於是她跑到了男方家中，看見新郎抱著柱子哭道：「我的房子呀，我的牛呀，我怎麼能夠捨得離開你們呀……」於是新娘心軟了，就說：「得了，男嫁女嫁都一樣，我嫁你算了。」

這則傳說雖然看似荒誕無稽，卻反映了怒族社會中母權制的逐步衰落和父權制的建立。

由於婚前男女社交自由與包辦婚姻之間存在的矛盾，有青年男女相戀之後和情人私奔。也有一些因為遭到父母反對或女方索取聘禮過高，女方先到男方家同居，然後再託人商議彩禮，這樣聘禮可以相對少一些。

四　父權主導的獨龍族社會

獨龍族青年男女婚前享有充分的社交自由，晚上可以到「公房」住宿，父母不會干涉，訂婚者亦享有此項權利，但結婚必須經由父母同意。假如父母接受了男方的彩禮，無論女兒是否同意，都會安排與男方結婚。獨龍族盛行早婚，父母對子女婚事的議定大多在其年幼時，甚至有不少指腹為婚的情況。有的因訂婚前已有戀愛對象，但又

---

119 參見何叔濤：《雲南民族女性文化叢書‧怒族──復蘇了的神話》（昆明市：雲南教育出版社，1995年），頁9。

無力改變父母之命，有情人只好雙雙自殺殉情。例如，貢山縣第四區二村的孟當‧念矯因其父母將她許給白利甫給松為妻，但其堅決不嫁，在父母逼迫她出嫁時投河自殺；而在勞動中產生感情的迪喬‧增與學念‧一在私訂終身後原想結為夫妻，但遭到了雙方父母的反對，不僅強迫他們分開，還要求他們順應父母之命另行嫁娶，這對相愛的青年男女被迫投河自盡。[120] 20 世紀 50 年代以後，強迫的買賣婚姻逐步為自由戀愛後締結的婚姻所取代。

青年男女相愛後告知父母，父母便會委託媒人到女方家說親。媒人攜帶一包茶葉、一件衣服和一小竹筒酒。若說親不成，酒可留下，但茶葉和衣服應帶回。媒人說親時需要將男方的想法詳細告知女方。雙方的交談應坦誠布公，如實介紹家庭的經濟狀況和存在的困難。如女方不同意，則常以女兒勞動不得力或性格不好為理由；如同意，則會將自家的要求告知對方。達成一致的雙方而後開始商量彩禮事宜。有的父母還會徵求女兒的意見後再答覆男方。媒人在多次往返奔走之後才能確定婚事，然後擇定吉日舉行婚禮。為成功獲得女方的同意，媒人在求婚時往往吟唱這樣的配親習俗歌：

> 四方親戚朋友都來了，
> 猶如彩雲掛在山頭。
> 親戚朋友圍火塘坐在一起，
> 喜喜歡歡地飲酒。
> 雀鳥飛向一座樹林，

---

120 參見《雲南省貢山縣第四區獨龍族社會經濟調查總結報告》，《民族問題五種叢書》雲南省編寫組、《中國少數民族社會歷史調查資料叢刊》修訂編輯委員會：《獨龍族社會歷史調查》（二）（北京市：民族出版社，2009年），頁23-24。

> 紅雀綠鳥是親戚。
> 親戚朋友不能亂交，
> 有緣有分才成親戚。
> 你家的姑娘已成人，
> 成人的姑娘要出嫁。
> 姑娘要是守在娘家，
> 會孤憐如一根拐棍。
> 親戚朋友一家人，
> 親戚朋友一條心，
> 你的姑娘嫁到我家，
> 姑娘的身價慢慢給。[121]

婚禮當天，男方須請三四個伴郎去女方家迎接新娘，還要攜帶一定數量的酒，同時還要給女方送去 2 頭牛作為彩禮。婚後，女方須回送男方 1 頭牛，以示禮節。親友相鄰都要來做客。客人要給新人送來酒、肉、粑粑等禮物。當晚大家要飲酒、唱歌，與新婚夫婦說笑。

婚後半個月，新婚夫婦要返回娘家，攜帶糧食、水酒、粑粑和肉類等作為禮物。新婚夫婦還要幫助女方父母勞動 20 餘天或更長的時間。如果女方的勞動力較為充沛，丈夫也可以不去女方家勞動。但在平時，女婿必須主動到妻子的娘家幫助勞動生產。就算是打獵所得也要分給岳父母一半。冬月丈夫家殺年豬時，要分給妻子一份肉，妻子將肉切成塊，曬乾後送給自己父母。[122]

由於男方娶入多個妻子的目的是為了增加家庭的勞動力，也就是

---

121 李金明：《獨龍族文化大觀》（昆明市：雲南民族出版社，1999年），頁187-188。

122 參見楊毓驤：《伯舒拉嶺雪線下的民族》（昆明市：雲南大學出版社，2000年），頁118-120頁。

為家長購買勞動力，因此獨龍族人稱娶妻為「濮瑪旺」（買女人）[123]。既然是買賣關係，那麼就必須付出一定的聘禮，這種聘禮被稱為「提彼奢熱」（價錢和東西）參見李金明《獨龍族文化大觀》，雲南民族出版社 1999 年版，第 53 頁。，意為女人是物品、聘禮是價錢。女性因此僅僅被當作一件簡單的物品，通過一定的實物交換成為男方財產的組成部分。

用實物交換一個妻子的代價並不算高。例如，布卡王・奎娶妻的彩禮為牛 1 頭、豬 1 頭半、鐵三腳架 1 個、鍋 1 口、砍刀 1 把、斧頭 1 把、碗 4 個，下松此娶妻的彩禮為豬 2 頭、鐵三腳架 2 個、鍋 2 口、砍刀 1 把、斧子 1 把，下松批娶妻的彩禮為豬 2 頭、鐵三腳架 1 個、鍋 2 口、砍刀 2 把、碗 2 個、酒 4 瓶，狄松頂娶妻的彩禮為牛 1 頭、豬 2 頭、碗 10 個、玻璃瓶 1 個、酒 2 瓶。女方家長收到這些彩禮後，耕牛和豬立刻被殺掉在家族內部共同分食，如果男方送來酒，也要將酒進行分享。一般的情況是，娶大妻男方要送兩次彩禮才可將妻子接回家中，但沒有任何婚禮儀式，大家飲酒吃肉之後便算完婚；如果是娶小妻則只需要送一次彩禮。女方姑娘出嫁時，由於家族內部已經分享過男方送來的彩禮，因此親戚每家必須贈送一件禮物給出嫁的女子，以表示女子是由家族成員共同送嫁的。假如男方無力支付彩禮，允許欠債，日後支付；假如實在支付不起，可以入贅，理由是由於支付不起彩禮必須去女方家勞動終身，以勞動的代價補償女方家養育女兒所付出的代價。

獨龍族傳統婚姻中的求婚勸嫁歌和配親歌在有婚姻締結關係的集團之間吟唱。求婚時，由父母或媒人攜帶酒或其它禮品，到女方家裏，一邊喝酒一邊唱求婚歌。

123　參見孫宏開：《獨龍族語簡志》（北京市：民族出版社，1982年），頁98。

獨龍族婚姻中的買賣關係表現在以下幾個方面：

（1）如雙方已經訂婚且男方送了聘金，但在婚前女方死去，有姊妹者可以頂替，無姊妹者要退還聘金。結婚後不久，妻如死在娘家，在沒有姊妹續嫁的情況下，至少也要退還一部分聘金。無論女方在婚前或婚後與人私奔，女方父母都要賠償男方的彩禮。例如，茂頂村茂即的妹妹茂妮，嫁給藍旺度村的滴朗當阿克為妻，但婚後與姘夫逃走，男方隨即提出控告，雙方所在地的頭人進行調解。最後裁定由女方的哥哥賠償男方彩禮，包括牛 2 頭、豬 3 頭、鐵鍋 1 口、鐵三腳架 1 個。2 年後女方的哥哥尋獲茂妮，將其帶回另嫁他人，重新將彩禮收回。由於獨龍族沒有文字，為留存憑證，男方會在訂婚時將其付給女方的彩禮和婚後所送的東西以木刻的方式記錄下來，屆時作為賠償的依據，對方就只能按據賠償。[124]

（2）可以頂替。如已訂婚並且女方已收受聘金，但最終女方不同意嫁給男方（這種情況很少見），亦可由家庭中其它女子頂替，如自己的妹妹，甚至是父親的小妻。這樣做男方也無異議，因為男方所購買的只是能勞動和生育的人，至於是哪一個，他們並不計較。

（3）抵債。借他人的豬、牛等牲畜，在無力償還的情況下，可以用自己的姊妹、女兒抵債，或者做妻室。例如，藍旺度・捧罷因偷盜戛木力・阿克家糧倉內的包穀被主人家發現，並在其家中抄查出贓物定案。按照習慣法，除追回失物外，偷盜者須將其 13 歲的女孩交給失主家終身為奴，以免除刑罰和抄家的處分。[125]

---

124 參見《貢山縣四區茂頂、藍旺度獨龍族社會經濟調查》，《民族問題五種叢書》雲南省編輯委員會、《中國少數民族社會歷史調查資料叢刊》修訂編輯委員會：《獨龍族社會歷史調查》（一）（北京市：民族出版社，2009年），頁86-87。

125 參見《貢山縣四區茂頂、藍旺度獨龍族社會經濟調查》，《民族問題五種叢書》雲南省編輯委員會、《中國少數民族社會歷史調查資料叢刊》修訂編輯委員會：《獨龍族社會歷史調查》（一）（北京市：民族出版社，2009年），頁86-87。

（4）寡婦改嫁，尤其是年歲稍大的，聘金減半；退婚、離婚，不管出於主動的是男方還是女方，女方一律退聘金，即使死了丈夫的寡婦返回娘家不另嫁也不例外。娶妻的聘金，習慣上可分 3 次支付，支付完第一次，男女雙方即可同居（獨龍語叫「木娃娃」），可以不舉行婚禮。由於婚姻沒有嚴格的年齡限制，因此老夫少妻或少夫老妻的現象並不少見。[126]

（5）丈夫習慣上有打罵妻子的權利。如發現他人與自己的妻子通姦，則有權要求懲罰那個男子。

由於女子被視為勞動力和物品，買賣婚姻在獨龍族社會中大量存在。婦女主要通過財物（主要是黃牛）交換得來，因而成為家庭中的一項財富。為了使財產不外泄，轉房婚成為順其自然的結果。例如，55 歲的布勒比亞・達蔣松曾娶兩妻，即是同胞姐妹。長妻曾生育 9 個女兒，次妻曾生育 6 個子女。他娶長妻時花了 5 頭黃牛的彩禮，婚後 6 年生下兩個子女。後來岳父病重，妻子娘家向他借去 1 頭黃牛殺牲祭鬼，但無力償還，所以將妻妹以 5 頭牛的價格再嫁給達蔣松。而達蔣松為了娶次妻，把挖了 15 年的貝母和黃連出售，才湊足了 5 頭牛的款子，還清了彩禮。[127]

五 極端父權控制的帕措與戈巴組織社會

由於婦女被排除在社會組織成員之外，因此其婚姻亦沒有自主

---

126 參見《貢山縣四區三村孔當、丙當、學哇當獨龍族社會經濟調查》，《民族問題五種叢書》雲南省編輯委員會、《中國少數民族社會歷史調查資料叢刊》修訂編輯委員會：《獨龍族社會歷史調查》（一）（北京市：民族出版社，2009年），頁56。

127 參見楊毓驤：《伯舒拉嶺雪線下的民族》（昆明市：雲南大學出版社，2000年），頁118-119。

權。婦女的婚姻由帕措和戈巴會議安排。帕措和戈巴組織主導婚姻存
在較強的功利性，因此非常重視門當戶對，安排婚姻時常考慮和權衡
與聯姻對方結成聯盟的利弊，注重訂親和結婚儀式，也非常在意婚姻
的穩定性。婚姻不僅僅是當事男女雙方的私事，更是關係到兩個宗族
組織的重要集體性活動。出嫁方需要給男方支付彩禮，一般為牛、
羊、珠寶和土地等，彩禮的多少依家庭經濟狀況而定，出嫁的家庭承
擔大部分，其餘小部分由帕措成員分攤；男方不需要支付彩禮，但假
如男方所在的帕措勢力較弱，則需要向女方支付彩禮。[128]

　　由於婚姻完全由男性控制，因此幾乎不存在入贅的情況。入贅者
會遭到宗族組織的排擠，以至於無法在當地正常生活。例如，1959 年
經自由戀愛組建家庭的拉瑪珍與其美次仁夫婦婚後定居在妻子所在的
村落，但當地帕措組織頭人等認為婦女沒有繼承權，不能在父母的居
住地生活，向夫婦倆收取房費和地皮費，致使他們出走外村；1989
年，又強行勒索其家中的 2 頭黃牛、2 頭犏牛、1 件藏式女裝等價值
3,000 元的財物。1993 年，該頭人又以同樣的藉口將與其它宗族成員
結婚成家的一名婦女及其家人強行驅趕，拆除其房屋後獲取房屋材
料出售款 3,200 元。1996 年，他們的行為終於受到了當地法院的懲
處。[129]

　　由於父權制社會將女性視為提供生育功能的家庭財產，因此對女
性的貞潔尤其重視，男女之間的性關係非常謹慎，女子婚前不得發生
性關係，婚後不得發生外遇，禁止男女之間嬉戲玩笑。假如本組織的
女子與外組織的男子發生性關係，如果雙方實力懸殊往往會發生械
鬥；勢力相當時則通過協商解決，不願意娶之為妻的男方必須以財產
和牲畜的方式賠償女方宗族組織。

128　參見中共貢覺縣委政法委：《試析貢覺縣帕措、果巴勢力》（2000年），頁8。
129　同上，頁12-13。

　　在極端父權控制的帕措和戈巴組織中，婦女喪失了基本的作為社會和家庭成員的權利，婚姻成為宗族組織的公共性事務。婚姻自主權的喪失和轉房婚的普遍存在反映了婦女被視為一種特殊的財產，其生育能力尤其是生育男性後代的能力成為決定婦女存在的價值及其社會地位的重要因素。

　　本節所描述的不同的婚姻締結與支付方式反映了男女兩性在不同社會結構中所處的社會與家庭地位。在男女雙方均可主導的藏族社會中，相對淡薄的聘禮觀念確實對鞏固婚姻與家庭關係發揮了一定的作用，但在某些男女性別比例失衡的地區，大量剩餘婦女的存在抬升了女性出嫁的支付成本；深受藏族影響的納西族移民社會儘管在繼嗣制度和婚姻的締結各方面已明顯藏化，但仍在某些方面保留著傳統的母系遺風；在從以母系主導向以父系主導轉變的怒族社會中，婦女逐漸成為用黃牛來衡量其價值的家庭財產；在父權主導的獨龍族社會中，隨著買賣婚姻的盛行，婦女已經徹底淪為男性掌控的財產；而在極端父權控制的帕措與戈巴組織社會，婦女及其家庭已經徹底喪失對婚姻的掌控權，成為宗族勢力的附庸與籌碼，毫無地位與權利可言。

小結

　　本章的分析充分反映了性別政治權利問題與一定社會中的血緣、繼嗣和土地制度密不可分。藏族社會和納西族移民社會中雙系併存的繼嗣制度與長期存在的份地制度為女性獲得繼承權奠定了基本前提。而在公有制逐步崩潰、私有制逐步確立的怒族和獨龍族社會中，對偶婚的衰落、一夫一妻制的出現、一夫多妻制度的產生、妻姊妹婚與轉房婚的盛行都表明父權制已經逐步形成，買賣婚姻關係的確立使女性成為被購買的商品，喪失了在婚姻關係中的主體地位和應有的權利，

成為任憑男方擺佈的財產。母系繼嗣制度儘管仍然在其已經確立的父系社會中遺存，但為了適應父權制的社會制度，已經產生了諸多變異，女性原先擁有的權利已逐步喪失，轉而成為男性的附庸。

第三章
誰主內外：多種生計勞動中的性別分工模式

　　物質生產實踐是人類社會生存和發展的基礎，自然條件則是人類開展生產勞動的重要前提。從整體上看，三江併流峽谷是一片生態環境脆弱的區域，地形條件複雜，高山峽谷密佈，山地、谷地、河流相間；乾旱少雨的氣候條件限制了農作物的生長，乾旱、冰雹、暴雪和霜凍等自然災害頻發，為人類生產活動的開展設置了重重障礙。儘管如此，世代居住於此的各民族仍然發揮聰明才智，根據立體地形和氣候特徵，充分發揮自然優勢，合理利用土地，發展生產技術，不斷繁衍生息，形成了獨特的生存之道與性別分工模式，並為保持當地生物多樣性積纍了豐富經驗。

第一節　地廣人稀之地的村鎮與社會生產交換圈

　　從整體上看，人類的活動具有群體性和社會性的特徵，大多數的人類居住地集中在一起，成為村落。隨著社會經濟的發展，人類的居住地趨於發展成為規模較大的聚邑，甚至城市。因此，廣義的聚落指村落和城市，狹義的聚落則僅指村落。[1]由於三江併流峽谷地理氣候條件特殊，分佈於其間的人類聚落因此呈現出獨特之處。在高海拔地

---

[1] 參見李壽、蘇培明：《雲南歷史人文地理》（昆明市：雲南大學出版社，1996年），頁199。

區，由於氣候苦寒，農作物單位面積產量低，不少地方氣候極其惡劣，不適宜於人類生活；而低海拔地區則氣候炎熱，蟲蛇出沒，疾病流行，生活環境亦較為惡劣。唯有在河谷兩岸和海拔高度適中的壩區，冬暖夏涼，適宜人類居住。

一 農、牧、商等多種生計方式並行的金沙江和瀾滄江流域社會

西藏自治區的昌都地區、四川省的甘孜藏族自治州及雲南的迪慶藏族自治州位於青藏高原的東南緣，整體地勢呈現西北高、東南低的特點，地形複雜，氣候類型亦較為多樣。例如，昌都地區的芒康地處金沙江與瀾滄江之間，氣候溫和，雨水豐沛，北部的左貢、貢覺、三岩等地氣候也相對溫暖；鹽井一帶溫度差異則較大，河谷溫暖，山地高寒，夏季多雨，冬春季節較為乾旱，四季經常刮南向的風。[2]

農業是青藏高原東南部社會的主要生產方式。在昌都以南40公里處發現的卡若遺址曾出土過穀物的種子，說明穀物栽培很早以前就存在於藏東瀾滄江局部的河谷地區。[3]雅魯藏布江及其主要支流的中下游及昌都地區中南部的三江河谷地帶，因其氣候相對溫暖，是西藏歷史悠久、經濟地位最重要的農區。[4]整個西藏地區土地墾殖面積不大，耕地數量有限，主要沿河谷呈條帶狀或片狀點綴在高原山嶺之中。其中，分佈在雅魯藏布江流域內的耕地約占全藏耕地總面積的 65%，怒

---

2 參見《昌都地區社會歷史調查資料》，西藏社會歷史調查資料叢刊編輯組、《中國少數民族社會歷史調查資料叢刊》修訂編輯委員會：《藏族社會歷史調查》（四）（北京市：民族出版社，2009年），頁23。

3 參見中國科學院青藏高原綜合科學考察隊：《西藏農業地理》（北京市：科學出版社，1984年），頁4。

4 同上，頁22。

江、瀾滄江和金沙江流域內的耕地約占耕地總面積的 23%，其餘耕地散佈在藏南高原、阿里西部、喜馬拉雅山南坡和察隅等地。[5]

綜觀整個藏東南區域，在海拔高度適中的地區，主要作物種類有玉米、蕎麥、小麥、紅薯、馬鈴薯、旱谷、雜豆等；在海拔較低的河谷平壩地區還能出產水稻。藏東昌都等地的農業主要集中在東南向沿江河兩岸海拔高度低於 3,200 公尺的河谷地帶，作物種類包括青稞、小麥和蕎麥等，並可兩年三熟。[6]藏東南的察隅等地海拔 2,000 至 3,000 公尺地區是農業墾殖帶。其中，察隅的察瓦龍一帶農業尤其發達，其所產稻米曾作為昌都西藏地方駐軍的軍糧補給來源。據 20 世紀 40 年代的粗略統計，察瓦龍一帶的耕地有數百頃。[7]

在原西康省所屬的得榮、甘孜等地，清末已有大規模的農地開墾活動。但隨著清朝的覆滅和川邊戰亂的頻發，大量農民或亡或逃，從前的墾殖成果受到較大破壞。直到西康建省後，社會逐漸穩定，加上政府對生產事業的提倡和促進，農墾才有所恢復和發展。到 1949 年，甘孜州全州有耕地 12,320 頃。[8]德欽和中甸地區的農業生產因地處高寒地帶發展較受限制，只在海拔相對較低的瀾滄江、金沙江及其支流河谷地帶有所分佈，多為狹窄的條帶狀，但農業發展較為活躍。據統計：「1909 年中甸全縣有耕地 251 頃，1929 年為 1,241 頃，1949 年達到 1,913 頃。」[9]在迪慶藏族自治州的高海拔地區，由於氣候寒

5　參見中國科學院青藏高原綜合科學考察隊：《西藏農業地理》（北京市：科學出版社，1984年），頁39。

6　同上，頁41。

7　參見嚴德一：〈察隅邊防述略〉，《邊疆通訊》1947年第5期。

8　參見甘孜州志編纂委員會：《甘孜州志》（成都市：四川人民出版社，1997年），頁895。

9　雲南省中甸縣地方志編纂委員會：《中甸縣志》（昆明市：雲南民族出版社，1997年），頁455、549。

冷，普遍種植的糧食是耐寒、熱量高、營養豐富的青稞以及高原經濟作物。例如，阿墩子一帶夏季氣溫很少在 27℃ 以上，冬季最冷時在冰點以下，每年冰凍的時間要持續 5 個月之久，從當年的 10 月一直要持續到次年的 3 月。[10]

儘管農墾面積不斷擴大，但從整體的農業技術發展情況來看，三江併流峽谷的藏族社會直到 1950 年前後仍然停留在傳統農業階段，局部地區還處於刀耕火種的原始農業狀態，除糧食加工使用水力外，農業生產全部依靠畜力和人力。在農作物種類方面，當地以青稞、小麥、豌豆和燕麥等為主，其中青稞所佔比例最大。其它一些對灌溉和溫度要求較高的作物，如稻穀和玉米等，分佈較為集中。從地域分佈上看，康區南部的巴塘、鄉城、稻城一帶的農業種植技術較北部地方進步。在海拔較高的地區，如甘孜州的北部一帶，每年冬春兩季大雪封山，氣溫常在零下 10 餘攝氏度，可耕可牧的土地不到總面積的 2/5。[11]

值得注意的是，應用農耕的納西族的遷入對這一區域的農業發展曾起到過重要的推動作用。納西族因原來主要聚居在海拔相對較低、氣候條件相對溫和的滇西北地方，農業生產技術較藏族相對發達。木氏土司勢力北擴進入藏族聚居區之後，即通過政令發展農業，如在雲南中甸一帶「派大批徭役，開挖水溝，造梯田教種稻穀、栽種核桃等」[12]。但由於缺乏對地形等自然條件的認識，結果以失敗而告終。木氏控制甘孜州南部以後，有意地在金沙江流域的納西族移民區域內

---

10 參見李式金：〈雲南阿墩子——一個漢藏貿易要地〉，《東方雜誌》1944年第16期。

11 參見楊靜仁、李子傑、鄧銳齡：〈關於西康省藏族自治區基本情況的報告〉，四川省編寫組《四川省甘孜州藏族社會歷史調查》（成都市：四川省社會科學院出版社，1985年），頁4。

12 瑟格‧蘇諾甲楚：〈明季木氏土司對中甸的經營淺識〉，《中甸縣志通訊》第3期，頁54。

發展農業。明代以後在納西族逐步遷入的迪慶北部、甘孜南部和昌都芒康一帶，平均海拔超過 3,000 公尺，日照充足，森林資源豐富。[13] 外來的納西族與本土聚居的藏族一起開溝挖渠，推行灌溉；改造平整土地為梯田，實行條播，種植旱稻。據巴塘一帶的民間傳說，明朝時當地的藏族還在使用硬質木犁開墾土地，是納西族從麗江帶來了鐵犁，從而使耕地的深度和效率都得到了明顯改觀。當地人因此稱之為「絳肯」（即納西犁鏵）。[14] 除對當地農業生產技術改進良多之外，納西族還引進了不少當地原先沒有的作物品種，如紅米，其種植技術和要求都高於小麥、大麥、青稞等當地原產作物，到清末時期已經在巴塘一帶得到了普遍種植。[15]

在畜牧方面，昌都地區的牧場分佈面積較廣，牧畜以犛牛和綿羊為主，山羊和馬次之。甘孜州一帶的牧業以游牧為主，牲畜種類主要是犛牛。到 1954 年，整個西康省共有牛 176 萬頭、羊 130 萬隻、馬 18 萬匹。畜牧產品主要是酥油、羊毛和牛羊皮革等。牧區的主要副業是挖藥材和馱運。藥材主要有鹿茸、麝香、貝母、知母、蟲草、丹皮、羌活等。[16] 此外，昌都地區南部由於氣候溫和還出產果子，如鹽井一帶出產梨、桃、橘子、蘋果、石榴，三岩、貢覺等地也出產桃、杏、葡萄等水果，還有野花椒等香料出產。[17] 尤其需要指出的是，鹽

---

13 參見楊勤業：《橫斷山區綜合自然區劃》，中國科學院青藏高原綜合科學考察隊：《橫斷山考察專集》（一）（昆明市：雲南人民出版社，1983年）。

14 參見楊嘉銘、阿絨《明季麗江木氏土司統治勢力向藏區擴張始末及其納西族移民蹤跡概溯》，見中國人民政治協商會議甘孜藏族自治州委員會：《甘孜州文史資料》（第十八輯）（2000年），頁241。

15 同上，頁241-242。

16 參見楊靜仁、李子傑、鄧銳齡：《關於西康省藏族自治區基本情況的報告》，四川省編寫組：《四川省甘孜州藏族社會歷史調查》，（成都市：四川省社會科學院出版社，1985年），頁5。

17 參見《昌都地區社會歷史調查資料》，西藏社會歷史調查資料叢刊編輯組、《中國少

井出產的鹽是當時周邊地區人民必需的稀缺物品，這一特產不僅奠定了鹽井在藏族聚居區重要的經濟與戰略地位，也使之成為歷代政權爭奪的焦點。為爭奪鹽井，木氏土司曾與當地的藏族部落展開過激烈的戰爭。

從農牧業的比重分佈上來看，昌都地區北部主要以牧業為主，南部則以農業為主。在人口和戶數上，農區較牧區為多，農區面積約為牧區面積的 1/3，農戶卻占總戶數的 75% 以上。[18]原西康省（現甘孜州的大部分地區）的情況與之類似，儘管牧場面積是農田面積的 6 倍多，但 1954 年全省的農業人口總數達 32 萬，畜牧業人口僅 14 萬。從區域分佈上看，西康的東部和南部以農業為主，畜牧業只占十分之二三；而北部地方則以畜牧為主，農業僅占十分之三四。東部的九龍、康定、丹巴等地和南部的巴塘、得榮、鄉城、稻城等地基本上是純農業或畜牧業分佈極少的地區。從總體上來看，整個西康省的農業經濟比重較大。[19]

由於貨幣關係不夠發達，藏東南地區的交換與貿易主要以以物易物的方式進行。以西康省為例，從外地輸入的商品主要是茶、布、鹽、糖等，輸出的商品主要是羊毛和藥材等。20 世紀 50 年代初的資料顯示，當時平均每年需要輸入雅茶約 20 萬包（合 400 萬斤）、布 3 萬尺、鹽 30 萬斤、糖七八萬斤；輸出羊毛約 100 萬斤、藥材約 60 萬斤。進出的貨物總量基本持平。但商業資本的發展相對較快，1954 年共有商業資金 1,000 多億元，其中寺院是最大的經營者，開展商貿

數民族社會歷史調查資料叢刊》修訂編輯委員會：《藏族社會歷史調查》（四）（北京市：民族出版社2009年），頁5、17。

18 同上，頁17、22。

19 參見楊靜仁、李子傑、鄧銳齡：〈關於西康省藏族自治區基本情況的報告〉，四川省編寫組：《四川省甘孜州藏族社會歷史調查》（成都市：四川省社會科學院出版社，1985年），頁5。

活動的寺院占寺院總數的 70%，其次為土司、頭人，最後才是普通藏
商和漢商。[20]

　　尤其值得注意的是，茶葉是從內地輸入藏族聚居區的物資中數量
最大的，這顯然與藏族群眾以肉、乳為主食的生活飲食習慣密切相
關。由於高原地區出產蔬菜的種類和數量有限，人們不得不依靠飲茶
去油膩、淨膻腥、助消化，並補充身體因缺少蔬菜而所需的各種養
分。藏族聚居區不產茶，與其臨近的西北諸省也不產茶，藏族人民對
茶葉的需求便只能依靠盛產茶葉的川、滇兩省，尤其是雲南。故早在
古代，就有商賈不畏山高路險將滇茶和川茶販運至藏族聚居區，以後
便逐漸形成從雲南普洱經磨黑、南澗、大理、麗江、中甸、德欽，翻
越梅裏雪山到西藏察隅、左貢、拉薩、亞東、日喀則，再分別到緬甸、
尼泊爾、印度及紅海沿岸各國的茶馬古道。由這一古道所承載的東西
部農耕文化與游牧文化之間的商貿交往直到民國年間仍然盛行不衰。

　　由於受到自然地理分佈和政教合一制度的影響，歷史上藏族聚居
區大部分的集鎮均是規模較大的寺院所在地，如甘孜、德格、巴塘和
理塘等地。這些地方既是開展貿易活動的市場，同時也是政治中心，
可以看成是城市的雛形。在西康省廣袤的地域上，人口 300 戶以上的
小城鎮僅有 6 個，即康定、甘孜、理塘、巴塘、丹巴和道孚。其中，
康定、甘孜、理塘的人口均在 500 戶以上，商業較為發達。[21]自北宋
年間「茶馬互市」興盛以後，大量的「邊茶」通過這裏輸入藏族聚居
區，而藏族聚居區的馬匹和藥材等特產也經由此地進入內地。19 世

---

20 參見楊靜仁、李子傑、鄧銳齡：《關於西康省藏族自治區基本情況的報告》，四川省
　　編寫組：《四川省甘孜州藏族社會歷史調查》（成都市：四川省社會科學院出版社，
　　1985年），頁5。
21 參見楊靜仁、李子傑、鄧銳齡：《關於西康省藏族自治區基本情況的報告》，四川省
　　編寫組：《四川省甘孜州藏族社會歷史調查》（成都市：四川省社會科學院出版社，
　　1985年），頁5。

紀以後，英國和印度的大量貿易商品也集聚在這裏進行交換。康定一地極盛時期的鍋莊（藏商交易的貨棧）曾達 48 家之多。20 世紀 30 年代，康定甚至成為與上海、武漢齊名的中國三大商埠之一。到新中國成立前，康定、瀘定、丹巴、巴塘、甘孜等縣由於歷史上是商貿和交通要道，因此已經有了公用的建築和居民房屋；而雅江、白玉、德格等縣由於規模相對較小，居民少則數十戶，多則一兩百戶，有的縣城有石板或土墊的狹窄街道。[22]

昌都地區則是川、青、滇、藏的貨物集散地，是藏東地區的盛業都會。各地商人大多在昌都設有分莊，各種山貨先集中到這裏，然後再運往別處。主要輸入的商品是茶葉、綢緞、布匹和煙草等，輸出品則多為藥材、羊毛等土特產品。[23]民國初年，因戰亂與匪患，內地和西藏之間聯繫受阻，各商號先後撤離，昌都商業一落千丈，僅依賴茶葉貿易維持，但主要由西藏貴族和喇嘛商人壟斷經營。[24]抗日戰爭時期，昌都商業略有起色，但難復舊日繁榮。當時「有街市一條，長約半裏餘，房屋高則不過一丈，矮者人與簷對齊，路上人畜尿糞，星羅棋佈，矚目皆是，臭氣薰天，下雨則泥濘不能步行」[25]。據估算，到1950 年，昌都僅有各類商戶 122 戶。[26]

---

22 參見甘孜州志編纂委員會：《甘孜州志》（成都市：四川人民出版社，1997年），頁1602。

23 參見《昌都地區社會歷史調查資料》，西藏社會歷史調查資料叢刊編輯組、《中國少數民族社會歷史調查叢刊》修訂編輯委員會：《藏族社會歷史調查》（四）（北京市：民族出版社，2009年），頁18。

24 參見張保見：《民國時期青藏高原經濟地理研究》（成都市：四川大學出版社，2011年），頁240。

25 陳文瀚：〈昌都剪影〉，《康導月刊》1940年第11期。

26 參見李堅尚《西藏的商業和貿易》，中國科學院民族研究所、中國藏學研究中心社會經濟所合編：《西藏的商業與手工業調查研究》（北京市：中國藏學出版社，2000年），頁32。

　　雲南的中甸和德欽是溝通西藏與內地的交通要道，除德欽、中甸、奔子欄、橋頭、小街子等幾處重要的商業集鎮外，集會和廟會貿易也發揮著重要作用。德欽舊為滇藏要衝，貿易曾一度興旺。民國初期，地方治安混亂，商旅不行，貿易有衰落之勢。抗日戰爭時期，因滇緬公路被切斷，德欽成為中印之間的交通孔道，各大商號再次設立分號者達 30 餘家，小商號也有 50 多家。[27]隨著抗日戰爭的結束，各商號亦先後撤離，德欽的商貿活動迅速衰落。中甸是西藏與內地的互市之地，貿易興盛，清末民初時縣城設立的大商號有 100 餘戶，並有十幾處大型貨倉，「年財貨輸入額在 700 萬元（半開）以上」[28]。民國初年，匪患不斷，貿易受挫。抗日戰爭期間再度興盛，抗日戰爭結束後亦迅速衰落。據新中國成立初期的統計資料顯示，當時全縣僅有小本經營、瀕臨倒閉的小店 300 戶。[29]

　　如上所述，青藏高原東南地區聚落與城鎮的發展與分佈特點體現了這片區域直到 1950 年前後仍然以農業為主體的社會經濟發展狀況，商貿活動雖有所發展，但規模和貿易範圍還較為有限，這些特點無疑是其所處地域的自然環境、人口分佈狀況及交通條件共同作用的結果，同時也對當地人的生產生活水準、消費交換圈和通婚圈產生了重要影響。

---

27 參見迪慶州工商行政管理局：《迪慶藏族自治州工商行政管理志》（昆明市：雲南民族出版社1997年），頁45。

28 同上，頁43。

29 參見雲南省中甸縣地方志編纂委員會：《中甸縣志》（昆明市：雲南民族出版社，1997年），頁425。

二 農業墾殖初步發展的怒江和獨龍江流域社會

（一）怒江流域

　　怒族主要居住在碧羅雪山和高黎貢山的山腰地帶，這些地區大多山高穀深，原始森林密佈；氣候類型為寒帶、溫帶和熱帶併存的垂直氣候，由於地處印度洋暖流和青藏高原寒流的交匯地帶，屬亞熱帶山地季風氣候，常年雨量充沛；儘管兩岸山高坡陡，但森林腐質土層豐厚，不僅分佈著各種豐富的動植物資源，還蘊藏著礦產、木材和藥材等自然資源。

　　怒江地區除貢山一帶外，自然條件基本相似──西邊是高黎貢山，東邊是碧羅雪山，兩岸的山嶺海拔多在 3,000 公尺以上，怒江從兩山之間流過，形成一個「V」形大峽谷。東西相距一二十公里至二三十公里、南北長約 500 公里，「山勢陡峭，岩石林立，土地貧瘠，物產不豐，氣候具寒、溫、熱三帶，沿江酷熱，山腰溫和，山頂寒冷」。冬天，沿江兩邊的山上雪深及腰，沿途阻塞，交通斷絕。大雪封山的時間長達三四個月，至少也有一個多月。[30]怒族居民因地制宜，開創了獨特的山地農業和坡地耕作技術。開墾的農地既有刀耕火種的輪歇地，也有較為固定的手挖地和牛犁地，在部分江邊河谷的臺地上還開墾了水田。糧食作物包括玉米、蕎麥、旱穀、小米、高粱、土豆等，也出產南瓜、黃瓜、豌豆等蔬菜。

　　怒族居住的地區大多是怒江兩岸海拔 1,500 至 2,000 公尺的山腰臺地，以木板、竹篾、茅草等材料構築房屋。村寨之上是森林，可為

---

30 參見《怒江區概況》，見雲南省編輯組、《中國少數民族社會歷史調查資料叢刊》修訂編輯委員會：《中央訪問團第二分團雲南民族情況彙集》（上）（北京市：民族出版社，2009年），頁7。

人們提供賴以生存的水源及各種野生植物；村寨之下是旱地，也有少量梯田，可供開展農業種植和糧食生產；村寨居中，往下可種地墾殖，往上可採集狩獵。同時，村寨避開了河谷的炎熱和高山的苦寒，減少了疾病的發生。

乾隆年間余慶遠的《維西見聞錄》中這樣記載當時怒族的生活狀態：

> 男女批髮，面刺青文，首勒紅藤，麻布短衣，男著褲，女以裙，俱跣。覆竹為屋，編竹為垣。谷產黍麥，蔬菜薯蕷及芋，獵禽獸以佐食。無鹽，無馬騾。無盜，路不拾遺，非遇虎豹，外戶可不扃。人精為竹器，織紅文麻布，麼些不遠千里往購之。性怯而懦，其道絕險，而常苦粟粟之侵淩而不能御也。[31]

上述史料反映了怒族的生存環境、生產生活方式和社會人口發展狀況。由於山高穀深、田地分散，直到 20 世紀 50 年代前後，怒族聚居的村落人口都比較少：多的也只有 50 餘戶，如原碧江縣的老母登村；中等規模的村落約有 30 戶，如福貢縣的木古甲小村；人口少的村落只有 10 餘戶，如原碧江縣的羅宜益、甲加等村落。這些村落的居民，大多數都由家族血緣近親組成，這是怒族村落形成的主要特點。此外，也有一些村寨中雜居著少數傈僳族、白族（勒墨支系）人口，也有少數的怒族雜居在傈僳族村寨中。[32]

---

31 〔清〕余慶遠：《維西見聞錄》，于希賢、沙露茵選注：《雲南古代遊記選》（昆明市：雲南人民出版社，1988年），頁126。

32 見張文照：《怒族簡況》，《民族問題五種叢書》雲南省編輯委員會、《中國少數民族社會歷史調查資料叢刊》修訂編輯委員會：《怒族社會歷史調查》（北京市：民族出版社，2009年），頁1-2。

怒江地區具有一定規模的商貿集鎮主要有福貢縣開闢於民國二年（1913 年）的上帕街、碧江縣的知子羅等，漢人和當地少數民族在這些集鎮進行貿易，互相買賣貨物。趕集時輸出的貨物包括黃連、金子、灰鼠皮、火狐皮、水獺皮、牛皮、麂皮、貝母、麝香、茯苓等，輸入的主要是當地稀缺的食鹽、土布、茶葉以及其它日用品。[33]

由於缺乏貨幣，在相當長的一段時期內，黃牛一直是怒族地區商品交換中的固定計價單位。除小宗交易大多使用鐵鍋、鐵三腳和砍刀進行以物易物交換外，大宗交易往往用黃牛作為交換媒介。例如，一頭中等黃牛可以買到 23 畝土地，　個健壯的女奴相當於 45 頭黃牛的價值。1929 年以後，怒江地區先後出現了幾個集市，內外經營商品者也將各種流通的貨幣帶到了這裏，當時滇省鑄造的半開銀元、銅幣、紙幣和緬幣盧比逐漸在當地和周圍地區流通開來。[34]

（二）獨龍江流域

在獨龍江地區，由於兩岸山高縠深坡陡，氣候為典型的立體型，峽谷炎熱，半坡溫暖，高山寒冷。獨龍族社會組織以村寨為單位，一般由一個或幾個父系家族組成。儘管氏族是獨龍族的基本社會組織，但同一氏族的各家族之間沒有共同的地域，政治和經濟上的聯繫亦較為鬆散。各村寨之間有一定的界線，一個村寨一般只有四五家人，多的有 10 餘家，且分佈極其分散。由於勞動生產具有較強的季節性，人們也因此產生流動性的遷居。生產季節居住在山腰火山地邊，每到

---

33 參見《福貢經濟貿易調查》，雲南省編輯組、《中國少數民族社會歷史調查資料叢刊》修訂編輯委員會：《中央訪問團第二分團雲南民族情況彙集》（上）（北京市：民族出版社，2009年），頁38-40。

34 參見雲南民族事務委員會：《怒族文化大觀》（昆明市：雲南民族出版社，1999年），頁264-265。

秋冬季節則返回河邊過冬，因此一家人大多有 2 處或 3 處居住之地。獨龍江北部地方由於臺地較大，固定居所較多，逐步形成固定的小村落；南部地區成規模的定居村落相對較少。[35]曾視察當地的清末官員夏瑚這樣記述：

> 惟上、下江均繫地廣人稀，恒三五十里始得一村，每村居民多至七八戶，少或二三戶不等，每戶相距，又或七八里十餘里不等。江尾曲、傈雜處，居民較上下江為稍密，每村有多至二三十戶者。房戶屋係隨竹木，蓋以茅草，房中燒火一堂，家人父子圍爐歇宿，人多之戶，有燒火二三堂者。家有糧食布飾等件，則於附近山林密處，另結茅屋數處，分別儲存，用需若干，臨時始往取用。[36]

　　直到 20 世紀 80 年代初，民族學者考察當地時看到的情況仍與夏瑚當年所見基本一致。[37]儘管地廣人稀，但獨龍江地區位處亞熱帶和西南季風的迎風面，有充沛的水資源和大面積的荒山坡地，為發展生產提供了豐富的土地資源。從巴坡到北部的迪政當，海拔 2,200 公尺以下的土地面積約有 260 平方公里，約 290 萬畝，即使除去 70% 的森林和不能開墾的陡坡地，仍有土地百餘萬畝；直到 20 世紀 80 年代初期，經開發利用的土地不過萬畝，實際固定耕地面積共 6,560 畝，

---

35 參見《雲南省貢山縣第四區獨龍族社會經濟調查總結報告》，《民族問題五種叢書》雲南省編輯委員會、《中國少數民族社會歷史調查資料叢刊》修訂編輯委員會：《獨龍族社會歷史調查》（一）（北京市：民族出版社，2009年），頁23。

36 〔清〕夏瑚：《怒俅邊隘詳情》，方國瑜主編：《雲南史料叢刊》（第十二卷）（昆明市：雲南大學出版社，2001年），頁149。

37 參見蔡家麒：《藏彝走廊中的獨龍族社會歷史考察》（北京市：民族出版社，2008年），頁58。

其中水田僅有 500 餘畝。[38]

　　獨龍族主要居住在高黎貢山西面的恩梅開江上游，其南部和北部區域的社會經濟發展很不平衡。明清文獻中即有關於獨龍族人刀耕火種的記載。清末地方官夏瑚在獨龍江實地考察時看到的情況是：

> 農器亦無犁鋤，所種之地，惟以刀伐木，縱火焚燒，用竹錐地成眼，點種包穀；若種蕎麥稗黍等類，則只撒種於地，用竹帚掃勻，聽其自生自實，名為刀耕火種，無不成熟。今年種此，明年種彼，將住房之左右前後地土，分年種完，則將房屋棄而之他，另結廬居，另砍地種；其已種之地，須荒十年八年，必俟其草木暢茂，方行復砍復種。[39]

　　在獨龍江流域北部，由於與傈僳族和藏族長期接觸，獨龍族人的生產生活方式多少受到上述兩個民族的影響，已經有了一定規模的農業種植。而在南部地區，由於地域的隔絕，與外界接觸較少，直到 20 世紀 50 年代前後還處於刀耕火種、輪歇耕作的原始耕作農業階段，採集、捕魚、狩獵等生計方式在生產生活中還佔有較大比重；其家庭手工業有編制竹篾器和編織麻布，家族之間實行以物易物的原始交換模式。

　　刀耕火種是一種古老的生產方式，曾經廣泛為人類社會所採用，但受到外來因素的影響，這種生產方式正在不斷消亡之中。人類學和農業考古的研究觀點認為，刀耕火種標誌著人類由只能以「天然產

---

38 參見楊毓驤：《伯舒拉嶺雪線下的民族》（昆明市：雲南大學出版社，2000年），頁83-84。

39 〔清〕夏瑚：《怒俅邊隘詳情》，方國瑜主編：《雲南史料叢刊》（第十二卷）（昆明市：雲南大學出版社，2001年），頁149。

物」作為食物的「攫取經濟」階段，跨入能進行食物生產的「生產經濟」階段。[40]因此，怒族和獨龍族社會中所保留的生產方式和勞動分工模式無疑給我們提供了鮮活的歷史研究資料。

　　三江併流峽谷村落與集鎮的分佈狀態及各民族所開展的生產方式差異反映了自然條件對人類的生存、定居、生產、流通、交換、消費以及交往與通婚圈的決定性作用。在藏族主要聚居的金沙江和瀾滄江流域，由於多種生計方式並行，加上貿易的興盛，人們的生產生活水準明顯要高於交通相對閉塞的怒江和獨龍江流域。從貿易交換關係來看，藏族聚居區繁榮的貿易體現了當地民眾除了日常必需的交換之外已經發展形成了較為成熟的以營利為目的的貿易活動。與之相比，怒族和獨龍族還大多處於封閉式的自然經濟生產方式之下，有限的交換活動主要表現為生活必需品的簡單交換，由於交換關係的不對等，貿易交換中也體現了明顯的不等價和盤剝特徵。可見，社會經濟發展基礎和交通條件極大地限制了怒江和獨龍江流域人們的貿易活動和生活水準，也對人們的社會交往和通婚圈產生了重要影響。

第二節　不同生計方式中的典型性別分工模式

　　依照性別分配勞動是人類最早的勞動分工方式，也是人類找到的最為有效的組織社會生活的方法。「每個社會無論其技術多麼原始，都分配給男女不同的任務。回溯人類的演化史，我們從中就可看出，兩性的勞動分工是相當古老的，這種分工的根源是靈長目動物的自我

---

40 參見黃國勤、張桃林：《論刀耕火種及其對生態環境的影響》，徐禮煜、楊苑璋：
　《刀耕火種替代技術研究》（上冊）（北京市：中國農業科技出版社，1996年）。

保護和養育幼兒的特化。」[41]正如埃里克・沃爾夫（Eric Wolf）運用馬克思主義對社會勞動進行的分析所揭示的那樣，任何社會的勞動分工形式都可以與特定的社會地位相聯繫，並且能夠成為解釋和說明相應地位的基礎。[42]因此，性別分工的結果被認為在很大程度上對女性的地位發揮著影響作用。[43]正如利科克（Leacock）所言，決定婦女地位最為重要的一點在於家戶的公共性和兩性互惠之間的勞動分工。自從原始共產社會決定由誰開展什麼工作以來，婦女對主要的社會必須勞動的參與並沒有將她們的地位降低為如同在階級社會那樣的實質上的奴隸身份，而是賦予了她們與其貢獻相稱的決策權利。

一　多種生計方式併存的藏族社會

藏族社會是一個多種生計模式併存的社會，三江併流峽谷的藏族聚居區以農業為主，但牧業、商業、手工業也有相當規模的發展。卡拉斯科認為，在一個家庭內部同時出現牧民和農民的情況可以說是藏族聚居區的生計方式「在集約農業、農牧混合和純粹的牧業經濟之間有變遷」[44]的現實反映。

---

41 〔美〕R. M. 基辛著，甘華鳴、陳芳、甘黎明譯：《文化・社會・個人》（瀋陽市：遼寧人民出版社，1988年），頁301。

42 參見〔美〕湯瑪斯・派特森著，何國強譯：《馬克思的幽靈——和考古學家會話》（上海市：社會科學文獻出版社，2011年），頁7。

43 參見 Naomi Quinn. "Anthropology Studies on Womens Status". *Annual Review Anthropology*, 1977 (6):181-225.

44 〔美〕皮德羅・卡拉斯科著，陳永國譯：《西藏的土地與政體》（西藏社會科學院西藏學漢文文獻編輯室，1985年），頁7。

（一）農業

　　如前所述，藏東南地區是西藏農業發展較早的地區，除歷代藏族先民不斷辛勤開墾外，納西族和漢族移民亦曾貢獻於當地的農業發展。清末趙爾豐在川邊改土歸流，大力推行移民開墾和採礦，巴塘、理塘、鄉城、稻城一帶，都曾有漢族移民前往開墾。[45]但直到 1950 年以前，藏東南社會的生產技術仍然是較為落後的。由於篤信藏傳佛教，藏族群眾認為豐收是「神的恩惠」，歉收是「神的懲罰」，民間視人糞為不能與莊稼接觸的污穢之物，在農業種植中不能施用，部分地區使用牲畜糞肥，同時不進行可能導致殺生行為的灌水、澆地、除草、除蟲等作業，遇到自然災害時就請喇嘛念經驅除。[46]

　　以原西康省為例，生產工具主要有木犁、木耙、鶴嘴鋤、連枷、鐮刀、斧頭等。大部分地區對農田的管理較為粗放，一般每年耕地 23 次（播種時耕 1 次、秋收後翻地 1 次），春耕普遍使用二牛抬槓的方式，由於牽挽費力，勞動效率很低。年輪歇地在 1/4 以上，普遍使用撒播法，每畝地需種子 23 斤，較之當時內地的條播種植法多耗費種子 2 倍多。農產品以青稞為主，小麥、豌豆、洋芋、包穀、圓根次之。由於氣候關係，大部分地區每年只能收穫一季。常年產量最高為種子的八九倍，最低為兩三倍，普遍為五六倍。1954 年的統計資料顯示，全西康省共有耕地 125 萬餘畝，年產糧食 1 億多斤。[47]

　　昌都的大部分地區農業生產與耕作技術落後的情況與上文所述的

45 參見趙松喬、程鴻、郭揚等：《川滇農牧交錯地區農牧業地理調查資料》（上海市：科學出版社，1959年），頁11。

46 同上，頁13。

47 參見楊靜仁、李子傑、鄧銳齡：《關於西康省藏族自治區基本情況的報告》，四川省編寫組：《四川省甘孜州藏族社會歷史調查》（成都市，四川省社會科學院出版社，1985年），頁24。

原西康省近似，只有其南部的鹽井因靠近雲南，能應用輸入的鐵犁、斧頭和鋤頭等工具。很多地方不使用人糞，但普遍施用廄肥（牛馬糞與草木灰混合而成）。在水利條件便利的地區引水灌溉耕地，但有的地區仍堅持不灌溉。[48]農作物以青稞為主，小麥、蕎麥、豌豆、圓根等次之。由於氣候和土壤條件的差異，農作物存在差異。例如，察雅、寧靜各地區主要作物是青稞；貢覺、江達等地因氣候較暖，除青稞外還大量種植小麥；三岩一帶還種植大麥；察隅縣一帶因氣候溫和，可種植稻穀。由於自然條件的差異，播種和收割季節也各不相同。例如，鹽井一帶的青稞和小麥每年的播種期為 1 至 2 月，收割期為 5 至 6 月；而氣候較暖的易貢地區則在 11 月播種、翌年 7 月收割，並且在青稞、小麥、豌豆等作物收割之後還可種植圓根、蕎麥等，一年可獲兩熟。整體而言，一般農作物的成熟期為青稞、豌豆、蕎麥 120 天，小麥 120 至 150 天，圓根 90 天。農作物的收成，按照土質的優劣一般可以分為三等，種子和收成的比例分別是最好地為 1:15 至 1:12、普通地為 1:8 至 1:4、歉收地為 1:4 至 1:3。一般水地的收成為 1:8 至 1:4，旱地的收成為 1:7 至 1:3。[49]

在滇西北的中甸，農曆二月以後氣候漸暖才能耕種，作物主要是耐寒的青稞、小麥、苦蕎和蔓菁等，玉米因為氣溫較低不能成熟。8 至 9 月青稞收穫後即不再耕種任何作物。一年的雨水主要集中在 6 至 7 月，3 月下種時需要雨水，但此時非常乾旱，夏季時常有冰雹，對

---

48 參見《昌都地區社會歷史調查資料》，西藏社會歷史調查資料叢刊編輯組、《中國少數民族社會歷史調查資料叢刊》修訂編輯委員會：《藏族社會歷史調查》（四）（北京市：民族出版社，2009年），頁23-24。

49 參見《昌都地區社會歷史調查資料》，西藏社會歷史調查資料叢刊編輯組、《中國少數民族社會歷史調查資料叢刊》修訂編輯委員會：《藏族社會歷史調查》（四）（北京市：民族出版社，2009年），頁23頁。

作物的危害很大。[50]在德欽一帶，一年的農作時間可分為大春和小春
兩個階段：大春主要種植玉米、小米、高粱等作物，小春則種植小
麥、青稞及蠶豆等作物，沒有明顯的輪作制度。當地人一般於作物成
熟收割前兩三天灌水，收割之後用耕牛翻犁土地一兩次之後即進行播
種。小春作物的種植多為撒播；大春玉米種植一般以犁地後的點播為
主，也有進行人工打塘點播或條播的情況。玉米的種植在小春收割、
牛翻犁土地之後即開始播種。一般而言，每畝密植 3,000 至 4,500
株，需要薅鋤 1 至 3 次，灌水 4 至 5 次，底肥施用 500 至 1,000 公
斤，並使用相當數量的追肥。包穀一般在兩類土地上種植：一為老包
穀地，一般是缺乏灌水條件的旱地，一年一熟，多種植晚熟的品種，
在每年大春雨水之後及 4 至 5 月雨季時各翻犁一次；二為茬地包穀，
在小春收割前 3 至 4 天灌水，翻犁後播種。大春作物收割前 3 至 4 天
灌水，收割之後即開始翻犁土地播種小麥。一般使用撒播方式，整個
生長期需灌水 5 至 6 次、追肥 1 至 2 次、薅鋤 1 至 2 次。在抽重穗期
間還需要拔除病株，打掉老葉，以利於通風透光，促進子粒飽滿，提
早成熟。清除的病株和老葉可以作為牲畜的飼料。大麥、青稞的栽培
方式與小麥類似，蠶豆則多為人工點播或牛犁後播種，其它栽培管理
方法和小麥相同。土地較多的農戶有的將水稻與玉米進行水旱輪作。
在海拔相對較高的半山區，水澆地為一年兩熟，一年一熟或兩年三熟
的旱地一般為玉米與小麥、青稞、大麥進行輪作。[51]

　　雲南金沙江流域的河谷地區地形較為複雜，既有山間河谷又有高

---

50 參見《中甸縣情況》，雲南省編輯組、《中國少數民族社會歷史調查資料叢刊》修訂
　　編輯委員會《中央訪問團第二分團雲南民族情況彙集》（上）（北京市：民族出版
　　社，2009 年），頁 110。

51 參見德欽縣志編纂委員會：《德欽縣志》（昆明市：雲南民族出版社，1997 年），頁
　　78-80。

寒山地，耕地多在山間平臺，便於灌溉，農作物一年兩熟，主要作物有小麥、玉米、青稞、水稻、蠶豆、白菜等。清代余慶遠的《維西見聞錄》中就提到過青稞在當地的種植[52]，清代植物學家吳其濬將其整理記述為：

> 青稞即稞麥，一作油麥。雲南近西藏界亦產，或即呼為燕麥。青稞質類麩麥，而莖葉類黍，耐雪霜，阿墩子及高寒之地皆種之，經年一熟；七月種，次年六月獲，夷人炒而舂面，入酥為糌粑。[53]

藏族群眾耕田的工作通常由男性和女性共同完成，但必須遵循「男不背糞，女不犁地」的生產禁忌。女性不能獨立犁地的主要原因並不是她們沒有足夠的力氣駕馭耕牛等牲畜，也不是因為她們不能掌握犁地的寬度與深淺，關鍵在於她們不能觸碰對於家庭生產來說具有重要性的耕牛，否則將會影響土地的收成。農活主要由婦女承擔，除了耕田與收穫也有男性參與之外，不論是播種、育肥、澆水和養護幾乎都由婦女來完成。但這種性別分工也不是絕對的，在缺乏勞動力迫不得已的情況下，如家中實在沒有男性，婦女也參加犁地。[54]同時，那些十分缺乏女性勞動力的家庭也會抽出部分男性幫忙料理農活，不過一般不會是青壯年男性，只有那些老年男性或是未成年的男孩才會有時間幫助家裏的媳婦或母親做一些除草、澆水或打藥的活。一般情

---

52 參見〔清〕余慶遠：《維西見聞錄》，于希賢、沙露茵選注：《雲南古代遊記選》（昆明市：雲南人民出版社，1988年）。

53 〔清〕吳其濬：《植物名實圖考》（上冊）（北京市：中華書局，1963年），頁16。

54 參見《理塘縣長青春科耳寺調查》，四川省編寫組：《四川省甘孜州藏族社會歷史調查》（成都市：四川省社會科學院出版社，1985年），頁150。

況下，50 歲以上的老年人大部分在家燒茶、帶小孩、照看牲畜、搓毛線等，未成年人則根據體力的強弱分別參加放牛、背水、家務等勞動。從春耕到收穫的 6 個月是農忙期，從 11 月到次年 1 月是農閒期。

　　在昌都地區，一般農村勞動的分工仍然凸顯以婦女為主的特點。男子只管犁地，鋤地、灌溉、收割、放牧、擠奶、打酥油、燒茶、做飯、拾糞、搓毛線、織氆氌和料理家務都由婦女承擔，未成年的孩子則幫助家裏放牧、拾柴、拾糞，做些零星的活計。[55]甘孜州農業勞動中婦女的平均出勤率每年為 80 至 120 天，而男子只有 30 至 50 天。[56]在父系組織盛行的三岩一帶，男性為了躲避械鬥的仇殺不得不常常藏在家中從事家務，而將戶外的勞動全部交給婦女。男性能夠縫製衣服、照顧孩子，婦女則成為料理農活的能手。

　　從人們一年四季的勞動分工情況來看，包括未成年人在內的男女兩性都有自己相對固定的勞作領域。女性幾乎全年都在家中完成既定的勞作，而男性則有大部分的時間在外奔波，直到新年之前才會返回家中從事一些與節日有關的準備工作。但有時也會出現小範圍的交叉和重疊。與此同時，那些多偶制家庭，尤其是兄弟共妻家庭往往擁有相對充足的男性勞動力可以在家中與妻子一起料理農活，這也成為這類家庭在當地受到推崇的主要原因之一。

（二）畜牧業

　　畜牧業是藏族社會的傳統生計模式之一，藏族群眾將牧業作為農

---

55 參見《昌都地區社會歷史調查資料》，西藏社會歷史調查資料叢刊編輯組、《中國少數民族社會歷史調查資料叢刊》修訂編輯委員會：《藏族社會歷史調查》（四）（北京市：民族出版社，2009年），頁27。

56 參見趙松喬、程鴻、郭揚等：《川滇農牧交錯地區農牧業地理調查資料》（北京市：科學出版社，1959年），頁13。

業以外的主要收入來源。如果說土地是農民的第一條生命線的話，那麼牲畜和公用的牧場就是他們的第二條生命線。因此，牲畜的多少不僅是牧民財富的首要標誌，也是農民生活貧富的一個顯著標誌。[57]

理塘的毛埡是甘孜州南部較大的牧區，可供放牧的草原在 100 萬畝以上。全區平均海拔在 4,500 至 4,600 公尺之間，氣候寒冷，全年基本上沒有純粹的無霜期，只是在 4 至 6 月霜降較少，每年解凍期為 3 個月，其餘為冰凍期。土壤為層沙土，較為肥沃。牧草以禾本科為主，估計每 10 畝草原可放牧牲畜 1 頭。[58]此外，當地還盛產蟲草、貝母、大黃、秦艽等藥材，並蘊藏銅、金等礦藏。1950 年以前，用土法在此挖金的有 50 多戶，每人每月至少可以挖到 1 兩，礦苗好的地方甚至可挖到 4 至 5 兩。[59]

由於受到藏傳佛教信仰的影響，牧民都不放火燒山培育牧草。冬季的枯草季節也沒有儲草過冬的習慣，只是把牲畜趕到較為溫和的山谷去，只有富裕人家才有條件儲備冬草。根據季節的變化，牧場每年一般要搬遷 3 次：藏曆的 5 月搬到夏季牧場，8 月搬到秋季牧場，入冬則搬到冬、春季牧場。在大搬遷中還有小搬遷，每年達六七次，特別是在大雪封山、草枯冰凍的冬春季節搬遷次數較多。為了適應氣候的變化與有計劃地使用牧草，牧民形成了「冬草夏不食，夏草冬不食」的放牧習慣。[60]

牲畜的飼養和管理對畜牧業發展尤其重要。據有經驗的牧民說，要使牲畜繁殖快、成長好，必須總結一套經驗。例如，牲畜要早放晚

---

57 參見張正明：〈甘孜藏區社會形態的初步考察〉，四川省編寫組：《四川省甘孜州藏族社會歷史調查》（成都市：四川省社會科學院出版社，1985年），頁9。

58 參見〈理塘縣長青春科耳寺調查〉，四川省編寫組：《四川省甘孜州藏族社會歷史調查》（成都市：四川省社會科學院出版社，1985年），頁222。

59 同上。

60 同上，頁223。

收，過冬要儲草餵養，放牧要選草好的地方，發現病畜要進行隔離，等等。但自然災害和疫病還是常常造成牲畜大批死亡。在沒有專業畜牧醫療機構的時代，每當牲畜患病，牧民多請喇嘛念經打卦，求神保護，同時也積纍了一些給牲畜治病的土方法。例如，牛羊中毒後餵以鹽酸水和藏蠟，得了炭疽病餵鼻煙或用針刺其肺部，馬肚痛時灌燒酒，等等。[61]

　　從毛埡牧區的性別分工來看，婦女仍然是主要的勞動力。1958年的統計資料顯示，當時全區有人口 4,834 人，其中喇嘛和紮巴有 1,238 人，占全區男性人口總數的 52.7%。其餘的男性主要從事馱運、支差等副業勞動，放牧、擠奶、畜產品加工等生產勞動和全部的家務都由婦女承擔。因此，牧民都認為生產上離開婦女是不行的，如果哪一家全部是男子或者婦女很少，那麼他們家在生產上就會很困難。然而，婦女承擔的繁重勞動已經遠超出其體力範圍，男性勞動力的大量缺乏對當地的生產發展產生了較為嚴重的影響。例如，42 歲的女牧工志瑪在幫牧主家放牧的時候一個人要負責 106 頭牲畜，早出晚歸，勞累不堪。[62]

　　在雲南德欽一帶，由於草場的面積相對較小，專業的牧民人數有限，因此在養殖的牲畜中以犏牛為主。這種牛產奶量較高，還兼有勞役和肉用的功能，適合當地的氣候，發病率較低，易於飼養。山羊也一直是當地人飼養的主要牲畜。由於長期的自繁自養和自由交配，導致品種退化。1980 年前後，德欽縣有關部門開始對山羊進行種群改良；到 1984 年，改良品種得到廣泛推廣，取得了很好的經濟效益。此外，當地藏族群眾還大量飼養毛驢。毛驢四肢強健，善於在狹窄的

---

61 同上，頁224-226。

62 參見〈理塘縣長青春科耳寺調查〉，四川省編寫組：《四川省甘孜州藏族社會歷史調查》（成都市：四川省社會科學院出版社，1985年），頁227。

亂石山路上行走，管理簡單，並有良好的繁殖和役用功能，短途每次可馱運五六十公斤、長途每次可馱運四五十公斤的東西，役用年限長達 15 年以上。

（三）商業、手工業和副業

藏族人廣泛從事貿易的情況很早就為外界所關注，曾經遊歷過藏地的外界人士對這一行業的興盛留下了豐富的記錄。藏族從事商業貿易的社會階層十分廣泛，既有職業商人和普通的農民，也包括大量的政府官員和寺廟僧侶，一些記錄中甚至把藏族描繪為貿易的民族。[63]

在筆者曾經多次調查過的迪慶藏族聚居區，從事貿易在當地人看來是值得驕傲的事，這主要得益於當地地理優勢得天獨厚、商業發展較早。當地的傳統商業活動主要由兩大部分組成：一部分是以馬幫為主的長途運輸和貿易，另一部分是以當地為交換市場的商貿活動。其中，德欽縣奔子欄一帶的馬幫曾經享譽藏族聚居區，但隨著滇藏公路的貫通，傳統的馬幫貿易已經逐步退出了歷史舞臺，那些縱橫茶馬古道的馬鍋頭與馬腳子[64]也不得不回到故鄉，成為地道的農民。20 世紀 80 年代以來，改革開放的經濟政策重新喚起了他們對商貿活動的興趣。隨著本地市場的繁榮，大部分人已經放棄長途跋涉轉而在家門口做起了生意。

藏族聚居區農村的手工業已經從農牧業中初步分離出來，但獨立手工業者的人數還較為有限，大多數的手工業者還兼從事農牧業。大部分的手工業是作為農牧民家庭副業的形式存在的，主要用於滿足家庭自身的消費需要，流入市場進行交易的數量較為有限。儘管發展規

---

63 參見〔美〕皮德羅‧卡拉斯科著，陳永國譯：《西藏的土地與政體》（西藏社會科學院西藏學漢文文獻編輯室，1985年），頁224。
64 指馬幫隊伍中的領頭者和普通的趕馬人。

模有限，但藏族聚居區的某些手工業技術已經達到相當的水準，如鐵工、木工、製革、縫紉、刀具製作、塑佛像、木板印刷等技術。需要指出的是，藏族的家庭手工業從業者以男性為主，女性很少參與。

　　家庭副業主要有挖金、挖藥材、養牛、織氆氇子、駄運等。挖金多為一般貧苦牧民和流浪戶等從事的活動；挖藥材則是一般中下等水準家庭的副業；搞駄運的家庭較為普遍，駄運是家庭收入的大項之一。清末至民國時期，在毗鄰理塘的毛埡牧區有 4 個金廠，附近 1,000 多戶居民中平時挖金的有 2,700 至 2,800 人，但因為天氣寒冷，經常停工。但在毛埡溝的金廠，當地 200 多戶居民中就有 300 多人參加挖金，其中大部分是婦女和小孩。每人每天可得金 1 分以上，每人每月上交給當地土司稅金 3 分。由於當地金礦優良，綿延 50 餘里，附近多個地方的百姓都成群結夥，駄運口糧和工具前往毛埡溝挖金。當時採金的方法較為簡單，必備工具是尖嘴鋤，獲得的金沙雖然成色尚可，但其中夾雜了大量的塵土和沙子。[65]

　　駄運是藏族聚居區牧民的主要副業活動。有駄畜者自行結夥外出運輸，沒有駄畜者則給別人做工。甘孜州南部家庭的駄運活動遍及鄉城、稻城、雅江、理塘等地。儘管長途駄運勞頓辛苦，但卻可以給家庭增加一項額外的收入。例如，毛埡牧民達娃才仁家，有牲口 30 多頭，在新中國成立以前幫別人駄運茶葉到巴塘，每年往返 68 次，每次出動 15 頭牛，可收入 6070 元藏洋，全年可得收入 490 元藏洋。[66]

　　此外，豐富的生物資源還給人們提供了另外一條生計途徑——採集。當地出產松茸、木耳等多種野生菌，另外還產有蟲草、貝母、當歸、大黃等名貴中藥材。毛埡牧區一帶蟲草資源豐富，從前每人每天

---

65 參見〈理塘縣長青春科耳寺調查〉，四川省編寫組：《四川省甘孜州藏族社會歷史調查》（成都市：四川省社會科學院出版社，1985年），頁231-232。

66 同上書，頁232。

多的可以挖到 1,000 至 2,000 根，少的也有 50 至 100 根，100 根蟲草
價值 1 元藏洋。蟲草是家庭重要的收入來源之一。在迪慶、德欽一
帶，松茸的產量較大。1986 年松茸成為德欽縣的主要外貿物資。該
縣成立梅里公司組織銷售，僅是將松茸出口到日本一項就可以給全縣
每個農民帶來 200 元的年均收入（1997 年）。[67]到 2009 年，蟲草的價
格日漸攀升，按照成色劃分，蟲草收購的價格一根少則幾十元、多則
上百元，蟲草給當地人帶來的財富已經不容小覷。

　　以上羅列的社會經濟發展狀況集中體現了藏族聚居區高原農戶經
濟「少而全」的生產特點[68]，農業、牧業和商業同時併存於一個家庭
中；同時又體現了藏東地區的整體特徵：社區封閉性、自給性十分突
出，使得社會分工受到明顯約束，社會分工水準較低，並且局限於家
庭內部和各個家庭之間。[69]

二　以農業生產為主的納西族移民社會

　　為適應遷徙之後的定居生活與社會發展，自明代以後陸續遷入藏
族聚居區的納西族主要聚居於氣候溫和、自然條件相對優越的地方，
因此農業耕作是其主要的生計方式，此外還兼有牧業、林業和其它
副業。由於較早就與漢族發生密切來往與接觸，納西族的農耕技術較
為發達，手工業早已從農業中分離出來，並以經營銅器和皮革等為
主。[70]

---

67 參見德欽縣志編纂委員會：《德欽縣志》（昆明市：雲南民族出版社，1997年），頁
　104。
68 參見絨巴紮西：〈雲南藏區農戶經濟行為分析〉，《雲南社會科學》1996年第1期。
69 參見王文長：〈對藏東藏族家庭婚姻結構的經濟分析〉，《西藏研究》2000年第2期。
70 參見趙松喬、程鴻、郭揚等：《川滇農牧交錯地區農牧地理調查資料》（北京市：
　科學出版社，1959年），頁14。

　　納西族的農業耕作技術發展程度相對較高，川滇交界一帶的納西族社會的耕作方式以二牛抬槓為主，使用鐵犁犁地。耕作工具包括鐵鋤、鐵砍刀、鐮刀以及木耙、木槌、石磨、石碓等。肥料以畜圈內牲畜糞和火燒肥（火土）為主，平壩地區有水澆地，山區主要依靠自然降水。[71]主要糧食作物有小麥、青稞、大麥、玉米、蕎麥、紅米等。例如，在納西族較為集中的巴塘縣白松鄉，在 20 世紀 80 年代末該鄉定曲河岸壩田輪種紅米 60 至 70 畝，畝產可高達 800 至 900 斤。此外還因地制宜地種植了核桃、梨、桃子、蘋果等果木；同時有果園 52 畝，其中蘋果地 39 畝，其它果木地 13 畝，零星果樹 0.2 萬株，果木總產量 215 噸。[72]飼養的牲畜種類包括牛、馬、騾、驢、山羊、綿羊和豬等。在全鄉當年 142.08 萬元的總收入中，種植業收入為 55.51 萬元，林業為 6.29 萬元，牧業為 34.36 萬元，副業為 36 萬元，工業為 3.88 萬元，交通運輸業為 2.64 萬元，建築業為 1.26 萬元。人均年純收入 308 元，列當時巴塘各鄉第十位。[73]

　　畜牧業是農業之外的主要生計方式。飼養牲畜種類包括犛牛、黃牛、水牛、羊，此外還有各種家禽，其中豬是主要的家畜，普遍實行放牧飼養。冬天將豬加工成豬膘（將整豬去除骨頭和內臟後，加鹽陰乾壓扁製成），豬膘不僅是一個家庭財富的標誌，也可以用來借貸、交換，充當實物貨幣使用。[74]

　　鹽井一帶的納西族移民除部分開墾農田外，還有部分曾經是木氏土司勢力北擴時來到這裏戍守的士兵，後來一直主要從事鹽業生

---

71 參見郭大烈、和志武：《納西族史》（成都市：四川民族出版社，1994年），頁494-495。

72 參見《白松鄉納西族社會歷史調查報告》，中國人民政治協商會議甘孜藏族自治州委員會：《甘孜州文史資料》（第十八輯）（2000年），頁250-252。

73 同上書，頁252。

74 參見郭大烈、和志武：《納西族史》（成都市：四川民族出版社，1994年），頁495。

產。[75]據調查，鹽井現從事鹽業生產的是納西族婦女，據說這是當地的傳統，納西族男子的任務是將鹽運到集市進行交易。[76]這種分工可能與當年男子的主要任務是戍守有關。由於食鹽的稀缺，納西族移民開發的鹽井對整個藏族聚居區的社會經濟產生過深遠的影響。直到今天，當地鹽場中最大的 34 口鹽井的名稱依然沿用納西語的稱謂方式。[77]納西族人口大量聚居的鹽井後來也成為整個西藏自治區境內唯一的納西族自治鄉。

三　從游牧向農耕轉變的怒族社會

（一）農業

怒族歷史上曾以狩獵和採集作為主要的生計方式，後來從事農業，主要種植玉米、蕎麥、馬鈴薯和小米等農作物和漆樹、油桐、核桃、茶樹等經濟林木，畜牧業不算發達。怒族經營農業的時間很早，明代《百夷傳》中即有其種植和使用苦蕎的記錄。但生產工具的發展一直較為滯後，早期主要以木、竹製成農具；十六七世紀開始使用鐵製工具，主要有犁、鋤、刀、斧等，都是外地輸入的。這些農具大多十分短小，勞動效率不高，到 1950 年為止，他們使用的鋤頭還僅有手掌般大小。農業耕地面積已經基本固定，刀耕火種的輪歇地已經很少，除了坡度較陡的山地之外，耕作上已經普遍使用畜力。耕地主要有水田、牛犁地、鋤挖地、火山地四種，其中水田約占 10%、牛犁地

---

75 參見陶占琦：〈西藏鹽井納西族的發展現狀及其宗教信仰〉，《西藏研究》1999年第2期。

76 參見金飛：〈鹽井縣考〉，《邊政》1931年第8期。

77 參見陶占琦：〈西藏鹽井納西族的發展現狀及其宗教信仰〉，《西藏研究》1999年第2期。

占約 80%，刀耕火種的輪歇地已不到 5%。農作物有玉米、水稻、蕎麥、小麥、豆類、薯類等，[78]以玉米為主（據說怒江地區原來沒有玉米，是清代杜文秀起義後才從白族地區帶回來的），約占糧食總產量的 80%。

耕作技術極為粗放。當地沒有曆法，生產不講節令，一般是桃花開時犁地、鳥叫時播種。旱地一般是犁過一道以後，將土塊敲碎，然後用一根尖木棍戳洞點種玉米，沒有積肥施肥的習慣。玉米長大之後，薅一兩次草，即待收割。收割時，將玉米棒子掰下來，稈則留在地裏焚燒，作為次年的肥料。產量都很低，一般只有種子的 20 多倍，少的只有四五倍。如果按照單位面積產量來計算，一架（兩頭牛耕一天的面積，稱為一「架」，約 2 畝）牛犁地的常年平均產量僅 100 公斤左右。一架地的全部生產過程，約需要 25 個工作日。除去 5 公斤種子外，每個勞動日所得還不到 4 公斤玉米。[79]

女性是怒族傳統農業生產的主要參與者，除了砍火山地和犁地等勞動強度較大的重體力勞動外，點播、間苗、薅鋤等田間管理均由女性承擔。墾荒和收穫也由男女共同參與，各家戶種植的蔬菜和飼養畜禽的工作則全部由女性負責。

（二）採集與狩獵

採集是對糧食不足的重要補充。儘管怒族的農業已經有了一定程度的發展，但直到清末，由於受到地理條件和生產工具的限制，採集

---

78 參見《怒族社會概況》，《民族問題五種叢書》雲南省編輯委員會、《中國少數民族社會歷史調查資料叢刊》修訂編輯委員會：《怒族社會歷史調查》（北京市：民族出版社，2009年），頁5。

79 參見〈怒族社會概況〉，《民族問題五種叢書》雲南省編輯委員會、《中國少數民族社會歷史調查資料叢刊》修訂編輯委員會：《怒族社會歷史調查》（北京市：民族出版社，2009年），頁56。

和狩獵仍然在怒族社會中佔據著重要地位。由於糧食產量有限，加之
每年秋後各家各戶要使用大量的糧食釀酒，缺糧的情況更為嚴重。因
此，每年的春夏之交是怒族家庭青黃不接的時候。按照傳統的分工模
式，女性負責採集，男性負責狩獵。採集的主要植物包括野山藥、野
百合、野蕎葉、竹葉菜和各種蕨類。婦女採集黃連、貝母、天麻等珍
貴藥材，木耳、竹筍等山珍食品則成為補充家庭經濟收入的重要產
品。男性狩獵的事宜，女性不得過問，更不能隨意觸摸狩獵的工具。

（三）手工業和副業

怒族的社會分工不算發達，手工業還沒有完全脫離農業而獨立。
在傳統的手工業分工模式中，男性負責製作狩獵工具、農具、編織竹
器，女性則從事種麻、剝麻、紡麻、織布和縫紉。到清代，怒族的竹
器製作和紅紋麻布紡織工藝已在三江併流地區聲名遠播，納西族甚至
不遠千里前往購買。

怒族村寨中有少數鐵匠會鑄造犁頭和修補農具（據說是其祖輩從
蘭坪的白族那裏學來的），但他們都是沒有脫離生產的農民。他們自
己沒有原料，僅僅是替人加工或者修補。一般是雇主拿舊的犁頭請他
們重新鑄造，3 箇舊的可以鑄造 2 個新的。工資多半以糧食償付。工
具和技術都很落後，3 個人合作 1 天只能鑄造 6 至 8 個犁頭。還有少
數木匠，專做儲藏糧食用的木櫃，但也僅是在農閒時作為副業生產。
別人拿木料來請他們加工或定做，基本沒有以出售為目的的。[80]在福
貢縣一區的木古甲村有 6 處鐵匠爐，全都是兼營的。其中有 3 處能打
鋤頭、刀、斧及鑄造犁頭，另外 3 處僅能做修補活計。這些兼營的鐵
匠爐的技藝一般都是父子相傳的，有的已經傳承了 4 代。過去，村裏

---

80 同上，頁6。

的兼營鐵匠都是在農閒時鑄造少量犁頭出售，或者為別人加工、修補農具，獲得少量實物報酬。1955 年，國營貿易公司開始組織加工犁頭，新建了一處能夠鑄造犁頭的鐵匠爐，開爐時間雖然較多，但仍然沒有將該手工業從農業生產中分離出來。除鐵匠爐外，村裏還有編制竹器和編織麻布的手工業。怒族擅長編制竹器，所編制的竹篩、背簍等除一部分自用之外，另一部分用來出售。[81]男子普遍都會編制竹籮、篾笆等竹器，但主要供自家使用，很少出售。由於社會分工不發達，日常生活中很少有商品交換活動，也沒有專門從事商品交換的商人。但怒江地區出產貝母、黃連等藥材，每年到了一定的季節，都有不少人到高山上採集藥材，再向外族商人交換鹽、布等生活必需品。此外，也有極少數人從事商業貿易，如碧江縣的知子羅是當年地方政府所在地，有幾戶怒族人家在這裏釀酒出售，儘管利潤很大，但他們的生活來源仍然以農業收入為主。[82]

　　家庭紡織的工作主要由婦女負責，從割麻、績麻、撚線到織布的整套工序都由婦女獨立完成。紡織是怒族女子必須掌握的一項技能，幾乎與男子的狩獵技術同等重要。紡織水準成為決定一個女子社會地位和身價的重要因素。四五歲的女孩就要在母親的教導下學習割麻，10 歲以後開始學習紡線和漂染技術，十三四歲就要正式學習織布了。每逢農閒，家長們會組織女孩們在火塘旁借著微弱的火光摸黑織布，進行紡織比賽。一般來說，在相同的時間內誰能織出又多又好的

---

81 參見〈福貢縣一區木古甲村怒族社會調查〉，《民族問題五種叢書》雲南省編輯委員會、《中國少數民族社會歷史調查資料叢刊》修訂編輯委員會：《怒族社會歷史調查》（北京市：民族出版社，2009年），頁44。

82 參見〈怒族社會概況〉，《民族問題五種叢書》雲南省編輯委員會、《中國少數民族社會歷史調查資料叢刊》修訂編輯委員會：《怒族社會歷史調查》（北京市：民族出版社，2009年），頁6。

布，她的身價就高，其母親也會為此感到無比榮耀。[83]

　　婦女們將麻割回來之後，要對其進行漚制、剝皮、績麻等處理，然後用紡輪紡紗，用踞織機（腰機）將其紡織成布，最後才能加工成衣。可以說，除了參與田間勞作和上山採集、放牧牲畜等生產勞動之外，紡織麻布和縫紉衣物成為婦女最為繁重的勞動負擔之一。

　　怒族的紡織技術十分簡單，沒有紡車，織機也很簡陋，完全使用手工撚線編織。紡輪是怒族婦女紡織使用的簡單工具，主要由輪盤和撚杆兩部分組成。輪盤為圓形，有一定的重量，邊薄心厚，中央有孔，便於安置撚杆；撚杆為竹質或木質的，頂端有一個小側鉤，既能鉤住線又能自由旋轉。撚線時先把搓好的麻線纏在撚杆上，然後拉出一段，同時放下紡輪，撚動撚杆帶動紡輪在空中旋轉，不斷從手中釋放續接好的麻線，使紡輪一面轉動一面下降，撚緊一段線後及時上提，再把撚緊的線纏在撚杆上，如此反覆。紡線者還可以選擇坐在凳子上，左手拿著麻頭，右手把撚杆放在大腿上一搓，紡輪自然旋轉，麻線隨著紡輪越轉越緊；到了一定程度停止旋轉，這時把撚好的線纏在撚杆上，再轉動輪盤。如此反覆，直到撚杆纏滿為止。

　　線紡好之後，就要進行染色的工序。怒族傳統的染色主要使用天然染料，如用麻稈炭染黑色、用包穀的澱粉染白色、用栗樹皮染紅色等。這些染料容易獲取，加工簡單，使用方便，但色彩較為單調且容易褪色。線經過染色晾乾後，即可用來織布。怒族使用的踞織機結構簡單：前後兩塊範本、一把打緯刀、一個梭子、一根比較粗的分經棍和一根較細的棕固定在臨時搭好的木樁上，棕的另一端繫於織布者腰部。織布時，織布者席地而坐，兩足分置於經線兩邊，利用分經棍形成一個自然梭口，右手持梭子、左手引緯，然後用木刀打緯。踞織機

---

83 參見袁芳：〈從社會性別看怒族的村寨教育〉，《河南教育學院學報》（哲學社會科學版）2003年第1期。

攜帶方便，紡織時不需要太大的地方。用這種比較原始的踞織機織
布，經紗的張力完全靠腰來控制，經緯線全由雙手操作，兩足不能發
揮作用。所以，織布時常常顧此失彼，互相脫節，費時多、織布少，
布幅較窄，一天織不了幾尺。但由於受傳統觀念的影響，怒族社會認
為婦女不會織布就不是地道的怒族婦女，加之自織的布料厚實耐用，
怒族群眾仍然普遍喜歡使用這種踞織機織布。[84]

　　由於技術落後，工具簡單，從績麻、撚線到做成一條裙子，需要
耗費 200 多個小時。由於怒族的傳統服飾都是自紡自織而成，因此婦
女們不論是走路還是舂米都手不離麻。即使這樣整年辛勤勞動，一家
人還是很難都穿上一件麻布衣服。1950 年以後，怒族的衣著用布已
逐漸為內地輸入的物美價廉的棉布所代替。

四　從採集漁獵向農耕轉變的獨龍族社會

（一）農業種植

　　土地的利用程度取決於生產工具，鐵器、木器和石器並用是獨龍
族農業生產水準發展的重要特徵。主要的生產工具有小木鋤「洽
卡」、怒鋤「俄爾種」（小木鋤尖上包一塊小鐵皮）以及從內地輸入的
砍刀、弩弓、竹棍、木棍和石磨等；鐵製的板鋤、條鋤、鐵犁、鐵斧
等都是 1950 年以後才輸入獨龍江的。[85]

---

84 參見熊麗芬：〈怒族服飾文化初探〉，李鋼、李志農主編：《歷史源流與民族文
　　化──三江併流地區考古暨民族關係研究學術研討會論文集》（昆明市：雲南大學
　　出版社，2011年），頁376-377。
85 參見《獨龍族簡介》，《民族問題五種叢書》雲南省編輯委員會、《中國少數民族社
　　會歷史調查資料叢刊》修訂編輯委員會《獨龍族社會歷史調查》（一）（北京市：民
　　族出版社，2009年），頁17。

　　鐵製農具進入獨龍族社會的時間還不長，鐵刀和鐵在獨龍語中都被統稱為「下木」，對原料和工具的稱呼仍未分開，這一稱呼與藏語對鐵的稱呼相同，說明鐵製工具可能是由藏族傳入獨龍江的。由於使用的時間不長、範圍不廣，因此每個家族公社中僅有一兩個男子會修補鐵器。由於經濟條件所限，砍刀雖然對生產而言十分重要，但無法達到平均每個勞動力一把，直到民國年間，擁有斧頭的人家也不過一半。播種、鬆土、覆土、田間除草、打場和挖掘等勞動，都靠使用木鋤、木耙、木棍、木鍬、竹掃帚和竹棍等。為了獲得金屬生產工具，獨龍族需要用黃牛、肥豬甚至是人，才能在不等價交換中獲得砍刀。直到 20 世紀 50 年代，砍刀對獨龍族來說仍然是一種非常稀缺的生產工具。根據當時的調查材料，第一行政村共有 15 個小家庭，62 個勞動力，卻只有 33 把砍刀；第二行政村有 62 戶家庭，176 個勞動力，只有 111 把砍刀；第三行政村有 35 戶家庭，103 個勞動力，有 103 把砍刀；第四行政村有 50 個勞動力，有 40 把砍刀。[86]獨龍族使用的鐵刀分為男女兩種類別。男子使用的刀長約 45 公分，刀身前段寬約 6 公分、尾寬約 3 公分；女子用的刀略小，長約 30 公分，刀身前段寬約 4 公分、尾端寬約 2 公分。此外，還有專門給兒童使用的小刀，長約 20 公分，刀身前段寬約 2 公分、尾寬約 1 公分。[87]

　　獨龍族對畜力的使用不多，由於不習慣飼養牲畜，牛僅作為一種財富的象徵。黃牛主要被用於年節祭祀「卡秋哇」剽牛祭天和娶妻時作為聘禮，並不用於犁耕，直到 1950 年之後才逐步用於犁地。[88]

---

86 參見《雲南省貢山縣第四區獨龍族社會經濟調查報告》，《民族問題五種叢書》雲南省編輯委員會、《中國少數民族社會歷史調查資料叢刊》修訂編輯委員會：《獨龍族社會歷史調查》（一）（北京市：民族出版社，2009年），頁2。

87 同上書，頁48。

88 參見《獨龍族簡介》，《民族問題五種叢書》雲南省編輯委員會、《中國少數民族社會歷史調查資料叢刊》修訂編輯委員會：《獨龍族社會歷史調查》（一）（北京市：民族出版社，2009年），頁17。

　　由於受到生產工具的限制，在滇西南的山地民族中，獨龍族是農業產生較晚的民族之一。根據文獻記載和民族學資料分析，獨龍族進入農業時代不會早於清朝。[89]清代中後期，金屬工具從恩梅開江及北部的察瓦龍傳入獨龍江，獨龍族才開始利用砍刀、斧頭從事刀耕火種的農業生產。

　　獨龍江峽谷的農作物種類很多，包括玉米、旱穀、蕎子、小麥、小米、稗子、豆類和薯類等，新中國成立後逐漸引進了水稻、土豆和各種蔬菜。獨龍江北部地方因為受到藏族的影響，還種植燕麥、青稞等高山耐寒作物，同時栽培蔓菁、蔥、蒜、辣椒等10餘種蔬菜。農作物以玉米為主，產量一般約為種子的30倍，一升玉米種的面積可收穫3斗左右。南部地區因為氣候較為炎熱，以旱穀為主，新開的荒地，一籮穀種可產三四十籮。其耕作方法雖然簡單，但由於土質較好，雨量充足，因此產量並不算低。由於一塊土地同時耕種多種作物，每種作物成熟的時間不同，人們在生活上又很少儲備，因此基本上是熟什麼就吃什麼。秋收時，除了一部分收回家外，另外很多在地裏就被吃光了。此外，由於這裏到處分佈著茂密的原始森林，為了防範野獸的侵擾，人們在下種後到收割前都要到地裏日夜蹲守，否則一夜之間莊稼就會被猴子、野豬、熊等動物全部吃光。[90]

　　獨龍族所種植的農作物種類也同樣深受周邊民族的影響，如玉米即是受藏族和怒族的影響，經怒江流域傳入獨龍江地區的。獨龍語稱「玉米」一詞為「旦崩」，便是保留著雲南西北部的藏族和怒族的叫

---

89 參見尹紹亭：《遠去的山火——人類學視野中的刀耕火種》（昆明市：雲南人民出版社，2008年），頁39。

90 參見《民族問題五種叢書》雲南省編輯委員會、《中國少數民族社會歷史調查資料叢刊》修訂編輯委員會：《獨龍族社會歷史調查》（一）（北京市：民族出版社，2009年），頁23。

法。而在靠近西藏察瓦龍的滇藏邊境地區，那裏的獨龍族也很早就從藏族那裏學會了種植青稞和燕麥等高山耐寒作物的方法。[91]

1950 年以前，獨龍族社會的土地耕作方式非常粗放。一方面，家族公社還保留著公有開墾的輪歇火山地，占耕地面積的 50%至70%；另一方面，出現了由若干戶互相結合在一起集體耕種的半固定的耕地，占耕地面積的 25% 至 45%，各戶房前宅後獨資自營的小塊園地約占耕地面積的 5%。

獨龍族長期以來喜種水冬瓜樹、漆棕、桃樹、李樹及龍竹、金竹等，其中水冬瓜樹的面積最大‧數量最多。充沛的降雨量促使水冬瓜樹生長迅猛。水冬瓜樹秋天種子成熟掉落，人們在落子之前先到水冬瓜樹林中燒去樹下的雜草，這樣種子落到地上就容易發芽生長。冬末春初，人們就到山上採集水冬瓜樹苗，將其浸泡在水溝之中，待到雨天便移栽到拋荒休耕的地裏。水冬瓜樹生長迅速，只要 5 年左右就可長成直徑 10 公分、高七八公尺的大樹，樹根有很大的根瘤可以吸收氮元素，對於增加土地肥力有明顯的功效。

除了以刀耕火種方式經營的火山地之外，20 世紀 50 年代以後，獨龍族也開始嘗試種植水稻。一般在每年 3 月以後修整水田，並在距離村寨較近的水田中施用農家肥；4 月以後插秧；6 月初用牛犁田插秧，但對播種季節的關注程度不足；半個月後，第一次拔草，有時施用一些化肥；10 月收割稻子。稻穀脫粒的方法是在空地上鋪一張大竹篾席，上面放置一兩塊大石頭，將稻束用力擊打石頭，穀粒隨即脫落在竹席上，再用竹竿、棍棒等敲打脫落未盡的稻束，然後存入糧

---

91 參見《雲南省貢山縣第四區獨龍族社會經濟調查報告》,《民族問題五種叢書》雲南省編輯委員會、《中國少數民族社會歷史調查資料叢刊》修訂編輯委員會：《獨龍族社會歷史調查》（一）,（北京市：民族出版社，2009年），頁50。

倉。獨龍族雖喜愛食用稻米，但耕作不精，產量亦有限。[92]

獨龍族傳統的勞作方式以家庭為生產單位，如果開墾的是大片的山林，則採取夥種的形式，男女分工不明顯。各家庭集體出種子，按戶出勞力，不計工時和勞動力強弱，收穫物由集體平均分配。隨著農業生產的逐步發展，獨龍族人形成了相對固定的農業生產月曆（見表3-1）[93]。

表 3-1　獨龍族的四季農業生產月曆

月份	獨龍語稱謂	意義	生產活動
1	阿猛	過雪月	大家休息，個別戶種早洋芋
2	阿薄	出草月	山草開始生長，大量種洋芋
3	奢久	播種月	開始播種小米、芋頭、棉子等作物
4	昌木蔣	花開月	桃花開，鶴集中鳴叫，播種完畢
5	阿石	燒火山月	大量燒火山，停止下種
6	布昂	飢餓月	存糧吃完，大量採集野糧
7	阿茸	山草開花月	薅草，採野糧
8	阿長木	霜降月	山草被凍死，開始收莊稼
9	單羅	收穫月	收穫小米、包穀、稗子、蕎子
10	總木甲	降雪月	收穫完畢，儲糧，山巔降雪
11	勒梗	水落月	河水降落，找冬柴，砍苦蕎，準備過冬
12	得則欽	過年月	婦女砍活麻、織麻布、跳牛舞

---

92 參見蔡家麒：《藏彝走廊中的獨龍族社會歷史考察》（北京市：民族出版社，2008年），頁3。

93 參見《貢山縣四區三村孔當、丙當、學哇當獨龍族社會經濟調查》，《民族問題五種叢書》雲南省編輯委員會、《中國少數民族社會歷史調查資料叢刊》修訂編輯委員會：《獨龍族社會歷史調查》（一）（北京市：民族出版社，2009年），頁24。

（二）採集和漁獵

道光年間的《雲南通志稿》中記載：「俅人居瀾滄江大雪山外，……種黍稷，剐黃連為生。」[94]從這段史料中可以看出，直到清初，採集和漁獵在獨龍族社會生產中仍然佔有相當的比重。

採集在獨龍族的經濟生活中佔有一定地位，人們將採集野生食物作為主要的生活來源之一。採集的植物種類繁多，主要有野苔、董棕樹根、登木線根、小竹筍、竹節菜、野蒜、大百合、魚腥草、木耳和各種可食菌類等。此外，蜂蜜也是人們採集的主要食品，除自用外，還可製成蜂蠟出售或進行貿易交換。採集野菜一般在每年 3 至 8 月進行。在 20 世紀 40 年代以前，每到春季即由頭人或家族長帶領大家集體上山，進行季節性的採集，所採食物平均分配；之後隨著私有制的逐漸發展，季節性的集體採集逐漸轉變為家庭單獨採集，承擔採集任務的多為婦女和兒童。[95]

獨龍族的捕魚活動四季都在開展，使用的工具和方法亦較為多樣。其工具包括「別爾」（方形扁體）、「董阿」（長形，口大身細）、「日桑」（兩頭大，外形似葫蘆，中間相連處有一窄孔）、「薩本」（形似燈籠，較小，入口處由寬漸窄）等各種形狀和功能的竹篾漁簍，以及「乞又」（兩根細長的竹竿中間套結上一張長方形或菱形的網）、「布亞」（長方形漁網）、「蘭赫柔」（類似漁叉，用粗鐵絲彎製成一般大小的漁叉 4 個，分成 4 個方向，分別綁在竹竿一端，用麻繩拴連，麻繩一端繫牢在竹竿中段）等輔助工具。此外，獨龍族還有使用開山採石的炸藥投入江中炸魚的。所捕的魚一般在家中食用，數量多時分

---

94 〔清道光〕《雲南通志稿》（刻本），雲南省圖書館藏。
95 參見楊毓驤：《伯舒拉嶺雪線下的民族》（昆明市：雲南大學出版社，2000年），頁92。

給其它村民。[96]

　　狩獵一般在每個氏族公社固定的獵場上進行，一般多在冬春兩季，由各氏族集體圍獵。氏族內部有共同的打獵區域，在本氏族的區域內，別的氏族成員不經同意不得隨便狩獵。獵區一般以山峰河流為界，假如越過邊界在別的獵區內獲得獵物時，一般要分一半給其所有者。[97]可獵取的動物包括野牛、狗熊、山羊、鹿、麂子、岩羊和羚羊等。獵取較大的野獸時，由家族長或有經驗的獵手擔任指揮，每個參與的成員要自備武器和食物，獵物則實行平均分配。主要的狩獵工具有弩、箭、鐵矛、地弩、扣子、竹簽等。[98]此外，還有個人開展的小規模狩獵，所得一般歸個人所有，數量較多時也用來饋贈親友。獨龍族在狩獵時常使用毒箭，毒藥用雪山上採集的劇毒植物「草烏」製成，由於毒性劇烈，製作者的手上不能有破損之處，否則將有生命危險。狩獵的活動既辛苦又充滿危險，不少人在狩獵中曾經遭遇過猛獸的襲擊，有人身負重傷，還有人因此不幸喪生。

（三）手工業和副業

　　直到 20 世紀 50 年代，獨龍族的手工業還沒有完全脫離農業生產獨立存在。家庭手工業者主要包括鐵匠、木匠、紡織和竹器編織者，少數家庭以手工作為副業。其中除紡織外，其它行業的從業者均為男性。從事鐵匠的少數男子可以打製和修理鐵鋤、砍刀和鐮刀等鐵製工

---

96 參見蔡家麒：《藏彝走廊中的獨龍族社會歷史考察》（北京市：民族出版社，2008年），頁78。

97 參見〈雲南省貢山縣第四區獨龍族社會經濟調查總結報告〉，《民族問題五種叢書》雲南省編寫組、《中國少數民族社會歷史調查資料叢刊》修訂編輯委員會：《獨龍族社會歷史調查》（二），（北京市，民族出版社，2009年），頁37。

98 參見楊毓驤：《伯舒拉嶺雪線下的民族》（昆明市：雲南大學出版社，2000年），頁92-94。

具，並能鍛製小刀、小木鋤的鐵尖器以及鐵漁叉。由於生鐵很難買到，因此規模較小。木匠從業者原先僅會使用砍刀和扁斧等工具從事解板、砍料、蓋房等粗木活，新中國成立後才逐步開始使用鋸子、鉋子和鑿子等工具。獨龍江地區生產竹子，竹器編織在獨龍族人的家庭生活中佔有重要地位，除可供自己使用外，還可以對外交換貿易，受到周圍藏族、怒族、傈僳族等民族的喜愛。[99]

　　紡織是家庭手工業中的一項重要內容，此項工作全部由婦女承擔，姑娘從 10 多歲開始便學習紡織技術，使用的是被稱作「腰機」的織布工具。腰機由腰機帶、梭板、木板和機架等幾部分組成。使用時將幾根木杆插在地上作為機架，裝好各種部件，穿上經線。織布時，婦女席地而坐，將腰機皮帶繫在腰部，腰機末端掛在木架上即可。不使用時可將其捲成一筒，收藏起來。紡織好的布料可以用來縫製衣服和挎包，人們過去大多使用的是竹針。竹針用竹片削製而成，針尖有叉，使用時將麻線卡於叉內，即可縫製。[100] 1980 年後在巴坡辦起了一家小型的縫紉廠，由於獨龍族婦女有編織和縫紉的傳統，工人大多為獨龍族婦女。

　　獨龍族婦女承擔了製作麻線毯子的繁瑣任務。首先，從野外（過去主要是休耕的火山地上）用砍刀砍下成熟的大麻植株，背回家中附近的小溪旁，將大麻葉子取出後浸泡到水中，待 7 至 10 天後大麻的表皮與韌皮中部分膠質腐爛、纖維開始松解，便可以輕易將纖維從植株上剝離。其次，將火塘裏的灶灰調和成汁，將剝離的纖維放入其中浸泡 1 至 2 天，然後撈出清洗乾淨後晾在陰涼處，待水分乾燥後有條

99　參見楊毓驤：《伯舒拉嶺雪線下的民族》（昆明市：雲南大學出版社，2000年），頁88-90。

100　參見楊毓驤：《伯舒拉嶺雪線下的民族》（昆明市：雲南大學出版社，2000年），頁90-91。

理地分揀。接下來要劈績，將脫膠的纖維劈成盡可能細的條，再將一段段較細的纖維束並和續接在一起，然後將纖維搓合成麻繩。搓繩時要將纖維壓緊於兩指或兩掌之間，向同一方向搓轉；也可以手腿並用，將纖維置於腿上，用手掌搓之。利用搓轉時產生的力量使纖維束扭轉，互相抱合形成單紗，接著把兩股單紗並到一起，朝相反方向搓動，使之重合形成股線，根據製作需要，還可以將股線搓合成麻繩。

　　獨龍江兩側的山上有很多可以染色的植物，最為常見的繆藍高約60公分。將其葉子採回後碾碎放入盆中加水發酵 3 天，之後將麻線浸入藍草葉汁中均勻染色，半天後撈出晾乾。若要染成紅色，可以采茜草的根或者核桃樹皮，將其切成碎片後放入熱水中煮沸，染色時需要加入椿木灰，反覆染 3 次才能出現豔麗的紅色。紫草和薑草分別可以作為紫色、黃色染料使用，麻櫟樹的殼斗和樹皮煮沸後可以將麻線染成黑色。

　　麻線通常以純白為主，偶而搭配藍色、紅色與紫色，在使用腰機這一最為簡單的紡織工具織布之前，要將麻線按照顏色需要搭配好，按順序纏繞在絞棒上。這一工序比較繁瑣。兩根麻線結成一股叫作撚線，然後將線繞成團（獨龍語稱「一克亞」）。之後，拿來一個用木頭削成的底部寬平、頂端尖細、中間有一鐵釘穿過形似陀螺的對象（獨龍語稱「文切」），把繞成團的線拉開再繞在「文切」上，左手捏著線頭，右手將「文切」往腿部用力一滾，放手、抽線。隨著「文切」快速轉動，織布者的左右手不停地撚著，轉撚得更細的麻線則不斷地繞在左手掌上，最後，把左手掌上的線纏繞在長寬各約 66 公分的叫「文卡」的工具上。織布的地方一般在自己家木板房的過道上。紡織工具和麻線、毛線纏繞後放在一個竹編簍籮裏。織布時，先取下竹籮，拿出竹片、木筒、木片共 9 件紡織工具和織布的經線，將經線一端掛在晾臺的木樁上，另一端用「結布拉」（腰機帶）係在自己的腰

際，然後席地而坐，雙手開始不斷地穿梭緯線。隨著織布者雙手不停地運作，一行行呈豎條狀排列的彩布便織出來了。

　　獨龍族的傳統麻紡織品種類較少，常見的主要有獨龍毯和綁腿。由於勞作繁忙，婦女們往往利用農閒或下雨天無法外出勞作的時間進行紡織，一個婦女一天僅能織約 6 寸寬的麻布尺許，一年中每個婦女可織 2 至 3 床麻毯。[101]從紡織技術來看，無論採集野麻、紡紗、續麻，還是織布和縫製成衣物或毯子，都需要手工操作並消耗大量的閒暇時間，甚至可以說婦女除了正常的家務勞動（如做飯、餵豬、照料小孩）之外，剩餘的時間都花在製作麻線毯子上。由於紡織技術落後，生產效率較低，各戶人家都是自紡自織，沒有交易，一年每人最多只有一身衣服。人們的衣服經常是舊的破了，新的還未做好，婦女較少或沒有婦女的人家甚至衣不蔽體。隨著生產方式逐漸遠離刀耕火種，製作毯子需要的麻線已經很難獲取。

　　獨龍族普遍飼養家畜家禽，主要種類為豬和雞。據 1949 年的統計資料，貢山縣第四區一村 15 戶人家中，有豬 111 頭，雞 40 餘隻；三村的 29 戶人家中，有豬 45 頭，雞 142 隻。人們飼養的豬和雞主要用於祭祀殺牲、物物交換、贈送親友及自己食用。此外，還有不少人家養有蜜蜂用以采食蜂蜜。[102]

　　獨龍族家族公社具有早期家族公社的一般特徵：生產資料、生活資料集體佔有，共產共食；按性別、年齡分工，不存在小家庭經濟成分；人口、財產的世代與集體分化原則，可以概括為經濟上的整體

---

101 參見〈雲南省貢山縣第四區獨龍族社會經濟調查總結報告〉，《民族問題五種叢書》雲南省編寫組、《中國少數民族社會歷史調查資料叢刊》修訂編輯委員會：《獨龍族社會歷史調查》（二）（北京市：民族出版社，2009年），頁56頁。

102 參見《雲南省貢山縣第四區獨龍族社會經濟調查總結報告》，《民族問題五種叢書》雲南省編寫組、《中國少數民族社會歷史調查資料叢刊》修訂編輯委員會：《獨龍族社會歷史調查》（二）（北京市：民族出版社，2009年），頁12。

性。家族公社成員之間在物質、思想方面的平等、合作、互助以及民主管理等特徵，是社會關係上的民主平等性。[103]公社的生產品採取商品形式者越多，就說明生產品為生產者自己消費的部分越小。以交換為目的而生產的部分越大，公社內部原始的自然形成的分工被交換排擠得越多，那麼，公社個別成員的財產狀況也變得越加不平等。[104]直到 20 世紀 50 年代，獨龍族的生產生活水準仍然十分低下，儘管人們全年辛勤勞動，但每日兩餐，除極少數人能吃到乾飯以外，絕大多數人都是喝稀飯度日，缺糧戶達 90% 以上。每年青黃不接時只能靠採集山茅野菜度日，很多人整年都吃不上鹽，吃肉更是難得的機會，只有在村落中有人家剽牛祭鬼或有獵獲野獸時才能分到一份。[105]人們常用「衣不蔽體，食不果腹」來形容獨龍族人從前的日常生活。歷史調查資料也顯示，20 世紀 50 年代前獨龍族不缺糧的人家很少，人們往往依靠採集和漁獵來度過荒月。一般的人家每年都有三四個月的缺糧時間，有的甚至長達 11 個月。每年一到春季，往往已經無糧，而糧食收穫之後由於沒有節制地釀酒、祭鬼等，耗費甚大，使得口糧短缺的情況更為嚴重。食鹽是極其稀缺的物品，一般人家每年只能吃到一兩斤，甚至更少，茶就更難見到了。[106]

　　農業技術的發展和土地制度的變革導致了獨龍族原始共產生產方式的解體和小家庭生產關係的確立，個體家庭成為生產和消費的經濟

---

103 參見莊孔韶：〈父系家族公社結構的演化進程概說〉，《中央民族大學學報》（哲學社會科學版）1982年第4期。

104 參見恩格斯：《反杜林論》（北京市：人民出版社，1957年），頁166-167。

105 參見《獨龍族社會情況調查》，《民族問題五種叢書》雲南省編輯委員會、《中國少數民族社會歷史調查資料叢刊》修訂編輯委員會：《獨龍族社會歷史調查》（一）（北京市：民族出版社，2009年），頁4。

106 參見〈雲南省貢山縣第四區獨龍族社會經濟調查總結報告〉，《民族問題五種叢書》雲南省編寫組、《中國少數民族社會歷史調查資料叢刊》修訂編輯委員會：《獨龍族社會歷史調查》（二）（北京市：民族出版社，2009年），頁29。

單位，這種變化逐步破壞了原先廣泛存在的男女老少平等的分配製度與性別分工體系，婦女的地位日益下降，逐步淪為被奴役的對象。同時，隨著生產力的發展和以手工業副業和貿易交換為代表的商品經濟的產生，貧富差距的出現打破了原先社會成員地位平等的狀態，婦女被局限於難以創造經濟價值的家務和紡織中。在家庭內部，婦女仍然負責管理家務，掌管糧食，具有一定的地位，但在婚姻關係中已經淪為被買賣的商品。

第三節　「輕重」與「內外」：性別分工的標準

在馬克思和涂爾幹看來，社會分工是使性別地位發生變化的第一推動力。[107]那麼，人類社會的性別分工究竟是由什麼決定的？人類學研究中一直有個傳統的傾向，即認為最早的勞動分工是由性別和年齡決定的。學者們曾經從不同的視角給予各種解釋，如男女兩性的生物特性決定論、經濟制度決定論、性別角色決定論、比較優勢決定論等。事實上，由於性別勞動分工的錯綜複雜，因此任何形態的性別勞動分工都是上述各種因素綜合作用的結果。[108]

一　藏族和納西族社會內外有別的分工標準

在勞動分工方面，與拉祜族「兩性合一，男女同工」的勞作方

107　《1844年經濟學哲學手稿》、《資本論》（第1卷）和《社會分工論》等著作對分工
　　及其結果有較多論述。

108　參見沙吉才：《當代中國婦女家庭地位研究》（天津市：天津人民出版社，1995
　　年），頁234-236。

式[109]截然不同的是，藏族和納西族社會的日常勞作由較為嚴格的兩性分工與合作來完成。從前文的分析中可以看出，當地社會將男性和女性所從事的勞作進行了詳細的分工，並以「男主外和女主內」的規則進行實踐。那麼，「內與外」之間的標準又是如何劃分的呢？如果說「內」指的是家內，那麼女性為什麼在家務之外還要從事農活？如果說「外」指的是家庭的外部，那麼藏族男性為什麼還要從事撚毛、刺繡、縫紉等工作？「內」與「外」之間的界線究竟在哪裏？

據藏族老人的解釋，「內」就是家裏的事，也就是說，凡是跟家庭內部有關的事情，都是女人的事情，不管是家務、農活，或者是其它的事情，只要是女人能做的都要做；而家庭「以外」的事情是男人的事情，女人不該管，只要做好自己分內的事情就行了。女人最常做的是家裏日常簡單的活，包括家務和農活；至於一些有一定難度和技術的活則是男人們從事的，包括刺繡、縫紉以及手工藝製作等，這些活計因為可以產生可供交易的產品，所以女性一般很少從事。此外，還有人提到了另外一條標準——「輕」與「重」，認為女人做的都是家裏的輕活，而家外和家裏的重活都是由男人來承擔的，如放牧、做生意、建房、屠宰等。

女性從事的農活為什麼被列入了「輕活」的範圍？原來人們考慮的還有另外一條標準，即生產活動是否具有危險性。在他們看來，在外部空間活動往往具有危險性，這是女性難以應付的。雖然農活辛苦，但比起建房、屠宰這些需要大量體力的活計來說，還算是比較輕的，並且勞作的場地大多離家不遠，因此可以由女性承擔。由於女性所從事的勞動被限定在「內」和「輕」的範疇之內，因此技術的學習

---

109 參見杜杉杉著，趙效牛、劉永青譯：《社會性別的平等模式——「筷子成雙」與拉祜族的兩性合一》（昆明市：雲南大學出版社，2009年），頁113-124。

與傳承也僅限於女性能夠自由活動的範圍內，這樣的規定即將女性從專業技術較強的經商和手工藝品製作等領域排除了。值得注意的是，在很多民族中屬於典型「女紅」的勞作形式，比如刺繡和服裝製作等針線活在藏族社會中卻是典型的男性工作。其主要原因在於，裁縫是當地社會的職業之一，他們縫紉的產品包括了日常穿著的衣服鞋襪、帳篷袋子以及盛裝服飾等。此外，縫縫補補的工作也一般由男性負責。

通過回顧藏族聚居區的土地制度與政治體制可以為更好地理解這些分工標準的形成提供幫助。例如，民主改革前的迪慶藏族聚居區所通行的屬卡制度要求每家每戶支應寺院和土司等土地所有者的各種勞役，這些必須完成的差役迫使大量男性勞動力不得不離家外出，家庭內的勞作自然落到了女性群體的身上。由於男性大量出家以及因各種原因死亡，這進一步加劇了男性勞動力稀缺的問題，自然也更加強化了女性對家庭內各種勞作的承擔比例。再加上藏族群眾對兩性身體的差別性認識，諸如認為女性污穢與邪惡的觀念，致使女性無法進入一些技術含量較高的勞作領域。

在多偶制家庭中，勞動分工除了考慮性別差異之外還加入了男性成員的長幼尊卑這一因素。村裏大部分的多偶制家庭幾乎都實行類似的分工方式：兄弟共妻家庭中的哥哥在外跑運輸或經商，弟弟在家與妻子一起料理農活或負責放牧；姐妹共夫家庭中能夠跟隨丈夫外出經商或者務工的也一般是姐姐。在當地人看來，「外部」的勞作等級要高於「內部」，因此也應該由長者承擔較為重要的工作。相對充沛的勞動力造成了多偶制家庭有別於當地一夫一妻制家庭的分工形式，同時也反映了家庭內部成員的角色與地位差別。

直到今天，藏族農村的勞動分工仍然體現了以婦女為主的特點，雖然導致這種結果的原因已不再大部分歸因於男性勞動力的出家，而是歸因於新興的社會經濟結構的變遷促使男性大量投入了農業以外的

其它行業。這種趨勢仍然反映了藏族社會多樣化生計模式併存的特徵，以及男性以脫離農業生產勞動為榮的文化心理。

與之類似，在納西族社會中，傳統的農業生產活動和家務勞動均由婦女承擔，男性大多外出務工，僅在年節、農忙或建房等時段返回家中。老年人逐步脫離主要的生產勞動，但仍會從事一些輔助性的工作。從整體上來看，婦女是地方社會農業生產的主要勞動力，同時她們也通過紡織和家畜、家禽飼養為家庭提供額外的經濟收入。

傑華（Tamara Jacka）曾提出過中國農村勞動性別分工的三條標準，即「內」與「外」、「輕」與「重」及「技術」與「非技術」，並認為這些二元對立的劃分方式已經通過教育補充以及個人生涯的不斷複製成為社會模式。[110]這三條標準與筆者曾經調查過的藏族村落情況基本相符。但除此之外，藏族群眾的性別分工還存在著一種對身體和空間的象徵性認識。可見，藏族群眾的性別分工標準的形成是一個漸進式的過程，首先是土地制度和人口性別比例失衡共同造就與強化的「男主外女主內」的分工模式，而後是人們依照這種空間上的認識對分工進行再次劃分。例如，女性不適合經商（因為這超出了內部空間的範疇），以及女性不適合從事能夠產生利潤的勞作，這些認識顯然都是對勞動分工進行二次劃分的產物。

二　以自然分工為主的怒族與獨龍族社會

怒族的分工標準則體現了以下特徵：男耕女織，如犂地、開墾等有關糧食生產的工作主要由男性承擔，而割麻、剝麻、紡織等工作則

---

110 參見Tamara Jacka. *Womens Work in Rural China: Change and Continuity in an Era of Reform*. Cambridge University Press, 1997:19.

由女性承擔；男外女內，即家外尤其是與對外交往有關的事務主要由男性負責，而煮飯、背水、餵豬、洗衣等家務由女性承擔；男重女輕，重體力活由男性承擔，女性負責薅鋤、推磨等體力強度相對較小的工作；男粗女細，撬石頭、打板子、扛大件物品等粗笨活計由男性負責，女性負責照顧老幼、縫補衣服、繡花、打草鞋等精細活；男遠女近，男性負責離家相對較遠的務工、經商、運糧等活，女性負責家內的糧食晾曬、餵豬等活；男險女夷，鑿石放炮、漁獵、械鬥等具有風險的事務由男性負責，女性負責施肥、澆水、割草等農事；男難女易，製作傢俱與農具、建蓋房屋等難度較大的活由男性負責，採摘食物等活由女性負責。老年人逐步脫離直接的勞作，主要負責教育後代、傳授生產生活技能和傳承民族記憶。[111]一首怒族的《婚禮歌》生動反映了男女之間的勞動分工模式：

> 男：
> 在吉祥的日子，
> 在美好的歲月；
> ……
> 在今天的這一天裏，
> 在今夜的這一夜裏；
> 遇到了美麗的姑娘，
> 見到了漂亮的女子；
> ……
> 女：
> 會唱歌的阿哥喲，

---

111 參見李紹恩：《中國怒族》（銀川市：寧夏人民出版社，2011年），頁36-37。

會說話的阿哥喲；

……

阿妹從小長在這地方，

阿妹自幼生在這地方；

……

是我從小織布的場所，

是我自幼紡線的場地；

……

男：

會唱歌的阿妹喲，

會說話的姑娘喲；

……

不知你唱到哪裏去了，

不知你說到哪裏去了彝

……

是我打獵時必經的路，

是我捕蜂時必行的道。

……[112]

　　獨龍族社會的分工體系亦相對簡單，在生產力水準相對低下的狀態中，社會成員尚處於人人平等的勞動狀態，社會實踐著家族集體佔有土地、集體生產、平均分配的原始共產製生產方式；男女老幼共同參與農業和採集活動，婦女主要承擔紡織、家務和照顧孩子的活動，同時負責管理家內的糧食，男女在處理勞動生產和家務方面的權利是

112 葉世富記錄整理：〈婚禮歌〉，《華夏地理》1991年第1期。

平等的。由於生產過程是統一的，所有成年人都直接參與物品的生產、分配、流通和消費，意味著每個人都必須依賴群體才算完整，同時暗示著生產者和非生產者之間不存在結構性差異。[113]正如尤林所指出的那樣，在這樣的本土社會中，「分工依性別和年齡而論，但勞動分工沒有高度專門化，這種現象說明個人知識的全面和參與社會活動的範圍之廣」[114]。隨著經濟的發展、私有制的出現和大家族制度的崩潰，農業生產技術發展使採集和漁獵活動在整個生計方式比重中逐步下降，個體小家庭作為生產和消費單位得到確立，男女之間的分工逐步產生並加劇。

通過對比可以發現，在性別分工標準的劃分問題上，各民族存在著不小的差異。按照傳統的人類社會分工理論，即男性從事狩獵、女性從事採集和紡織。藏族社會由於商品交換相對發達，家庭成員所需的衣物已經不再通過自我生產滿足，而是大量依賴交換消費；怒族和獨龍族在很大程度上還停留在自給自足的階段，家庭所需的紡織品全部由婦女負責提供。另外，社會生產力發展相對落後的怒族和獨龍族在很多方面則還保留著原始共產時期的性別分工特徵，分工的具體化還顯著地表現在獨龍族的主婦分食制和管倉制等方面。但隨著社會經濟的不斷發展和原始共產製的解體，性別分工模式亦發生著相應的變化。其中不容忽視的一點是，儘管婦女在上述不同社會結構中扮演著各種勞動角色，但由於性別制度的存在，她們對家庭和社會經濟的貢獻往往遭到遮蔽或貶低。

---

113 參見〔美〕湯瑪斯‧派特森著，何國強譯：《馬克思的幽靈──和考古學家會話》（上海市：社會科學文獻出版社，2011年），頁182。

114 〔美〕羅伯特‧C. 尤林著，何國強譯，許韶明校：《理解文化》（北京市：北京大學出版社，2005年），頁99。

小結

　　通過對三江併流峽谷不同區域社會聚落、村鎮與社會生活方式，不同生計模式中典型的性別分工及其分工體系的劃分標準的考察，我們大致可以得出以下結論：在上述 4 個民族中，藏族和納西族的農業耕作技術發展水準相對較高，但也呈現出分佈不均衡的狀態。主要使用婦女作為勞動力是藏族和納西族社會開展農業活動的重要特徵，但受到自身勞動能力的限制，勞動的強度與效率無法與青壯年男性勞動力相比。因此，這種分工模式在一定程度上限制了當地農業的發展，但多種生計模式併存表明了社會分工是在社會結構中形成的。而在生產力相對落後的怒族和獨龍族社會中，社會分工體系尚未完全形成，自然分工仍是主要的形式。可見，上述 4 個民族的傳統生計方式和勞動分工中所反映的共同問題是，由自然環境所決定的生計方式在不同的社會文化背景中可能會產生不同的勞動分工形態及不同的性別權利結構。

羌野東南民族叢書 A0202004

婦女何在？三江併流諸峽谷區的性別政治　上冊

作　　　者	王天玉
主　　　編	何國強
責任編輯	蔡雅如
發 行 人	陳滿銘
總 經 理	梁錦興
總 編 輯	陳滿銘
副總編輯	張晏瑞
編 輯 所	萬卷樓圖書股份有限公司
排　　　版	林曉敏
印　　　刷	百通科技股份有限公司
封面設計	曾詠霓

出　　　版　昌明文化有限公司

桃園市龜山區中原街 32 號

電話 (02)23216565

發　　　行　萬卷樓圖書股份有限公司

臺北市羅斯福路二段 41 號 6 樓之 3

電話 (02)23216565

傳真 (02)23218698

電郵 SERVICE@WANJUAN.COM.TW

大陸經銷

廈門外圖臺灣書店有限公司

電郵 JKB188@188.COM

ISBN 978-986-94616-0-3

2018 年 8 月初版二刷

2017 年 4 月初版

定價：新臺幣 320 元

如何購買本書：

1. 劃撥購書，請透過以下郵政劃撥帳號：

   帳號：15624015

   戶名：萬卷樓圖書股份有限公司

2. 轉帳購書，請透過以下帳戶

   合作金庫銀行 古亭分行

   戶名：萬卷樓圖書股份有限公司

   帳號：0877717092596

3. 網路購書，請透過萬卷樓網站

   網址 WWW.WANJUAN.COM.TW

大量購書，請直接聯繫我們，將有專人為您

服務。客服：(02)23216565 分機 10

如有缺頁、破損或裝訂錯誤，請寄回更換

國家圖書館出版品預行編目資料

婦女何在?三江併流諸峽谷區的性別政治 /

王天玉著. -- 初版. -- 桃園市：昌明文化出

版；臺北市：萬卷樓發行, 2017.04

　　冊；　公分. -- (羌野東南民族叢書；

A0202004)

ISBN 978-986-94616-0-3(上冊：平裝). --

1.少數民族 2.民族研究

535.408　　　　　　　　　　106004141